Für
Julius, Tom und Paul

Birgit Neiser ★ Andrea Pelikan

Mach' was draus!

Einfälle statt Abfälle

Edition Moses

Die Ideen und Tips in diesem Buch wurden von den Autoren sorgfältig durchdacht und getestet unter Berücksichtigung der üblichen Sicherheitsvorkehrungen beim Umgang mit Bastelsachen. Die Autoren sind in keinster Weise verantwortlich für irgendwelche Schäden an Personen oder Sachen, die im Zusammenhang mit dem Basteln oder Spielen mit den in diesem Buch erwähnten Gegenständen entstehen.

Copyright 1995

Gestaltung: Michaela Neiser, Düsseldorf

Umschlag und Zwischentitel: Atelier Pankarz, Kempen

Satz: Office Team G. Felstead, Bad Tölz. Arne Fleckstad, Kurzweil Design GmbH, Blasseifen.

INHALT

VORWORT

Sie trennen bereits Ihren Hausmüll – dies wird Ihnen helfen, das Basteln mit Hilfe dieses Buches leicht zu organisieren. Wahrscheinlich benutzen Sie auch bereits Toilettenpapierrollen, alte Dosen, Schachteln und Knöpfe zum Basteln. Haben Sie schon einmal daran gedacht, ausschließlich mit Haushaltsresten zu basteln? – Dann los! Dieses Buch zeigt Ihnen, wie Sie mit Ihren Kindern kostenlos und kreativ kleine Kunstwerke schaffen können. Sie müssen lediglich eine Mindestmenge an Haushaltsmüll ansammeln. Dies ist in den meisten Familien mit Kindern eine Frage von Tagen, und die Kinder helfen gerne dabei. Dann nehmen Sie dieses Buch als Leitfaden zur Hand und lassen Ihrer Phantasie und den Ideen Ihrer Kinder freien Lauf. Genießen Sie gemeinsam Ihre Erfolgserlebnisse am Schluß!

Die Kinder haben nicht nur sehr viel mehr Spaß an selbstgebastelten Spielsachen aus selbstgesammelten Teilen, sondern lernen spielerisch, Probleme zu lösen und grundlegende Funktionsmechanismen zu begreifen und einzusetzen. Wir haben die Erfahrung gemacht, daß selbstgebastelte Spielsachen kein kürzeres Leben haben als gekaufte. Im Gegenteil – die Kinder gehen sorgsamer damit um. Wenn die Dinge irgendwann doch einmal zerbrechen, ist es nicht so schlimm. Schließlich war es von vornherein Müll, und dann wird eben neu gebastelt!

Aus Haushaltresten zu basteln ist eine in vieler Hinsicht dankbare Beschäftigung. Sie verdient nicht nur das Prädikat ökologisch und pädagogisch wertvoll und ist obendrein kostenlos, sondern gibt Eltern und Kindern einfach eine wunderschöne gemeinsame Erfahrung.

Alle Ideen in diesem Buch wurden in endlosen Bastelstunden von den eigenen und von zahlreichen Nachbarskindern getestet oder entwickelt. Besonderer Dank gebührt Andreas, Regina, Stefanie, Florian, Sabine, Dominik, Benjamin, Lukas, Claudius und Leonie. Hiermit entschuldigen wir uns gleichzeitig bei all ihren Lehrern, falls die Hausaufgaben dieser Kinder während der Entstehungszeit dieses Buches gelitten haben sollten. Bitte denken Sie daran: langfristig verheißt diese Art der Freizeitbeschäftigung mehr Kreativität, besseres Vorstellungsvermögen und vielleicht weniger Drogen für die Kids!

Die meisten Gegenstände in diesem Buch sind zum Spielen bereits für Kinder ab drei Jahren geeignet. Der Bastelprozeß selbst sollte jedoch von einem Erwachsenen begleitet werden. Gerade das gemeinsame Gestalten neuer Spielsachen und Spiele macht dieses Basteln erst zu einem besonderen Erlebnis. Lediglich größere Kinder können alleine basteln, obwohl auch ihnen die (An-) Teilnahme eines Erwachsenen hilft.

Wenn Sie einmal diese neue Art des Verwertens mit Ihren Kindern begonnen haben, werden Sie feststellen, daß die Kinder automatisch verschiedene Verwendungsmöglichkeiten Ihrer Haushaltsreste erkennen, und sie werden zunehmend eigene Vorschläge machen, was man woraus am besten basteln kann. Daher wurde in diesem Buch auch keinen großen Wert auf „Schönheit" (aus der Sicht der meisten Erwachsenenaugen) gelegt, sondern vielmehr die Vorschläge der Kinder selbst aufgegriffen und realisiert. Sie werden erstaunt sein, daß nach einiger Zeit auch Sie selbst erkennen, daß eine Milchtüte eben nicht nur eine Milchtüte ist, sondern ein Fisch, eine Blume oder ein Karussell. Sie werden lernen, daß ein Frischkäsebehälter auch als Eisenbahnwaggon dienen kann. Dieses Buch wird Ihnen zeigen, wie Sie viele Spiele, Spielsachen u. ä. aus einfachsten, ständig verfügbaren Mitteln herstellen können. Gleichzeitig lernen die Kinder, daß Umweltschutz lohnend sein kann und Spaß macht.

– Einfälle statt Abfälle –
Viel Spaß beim Basteln!

Reitham,
Sommer 1995

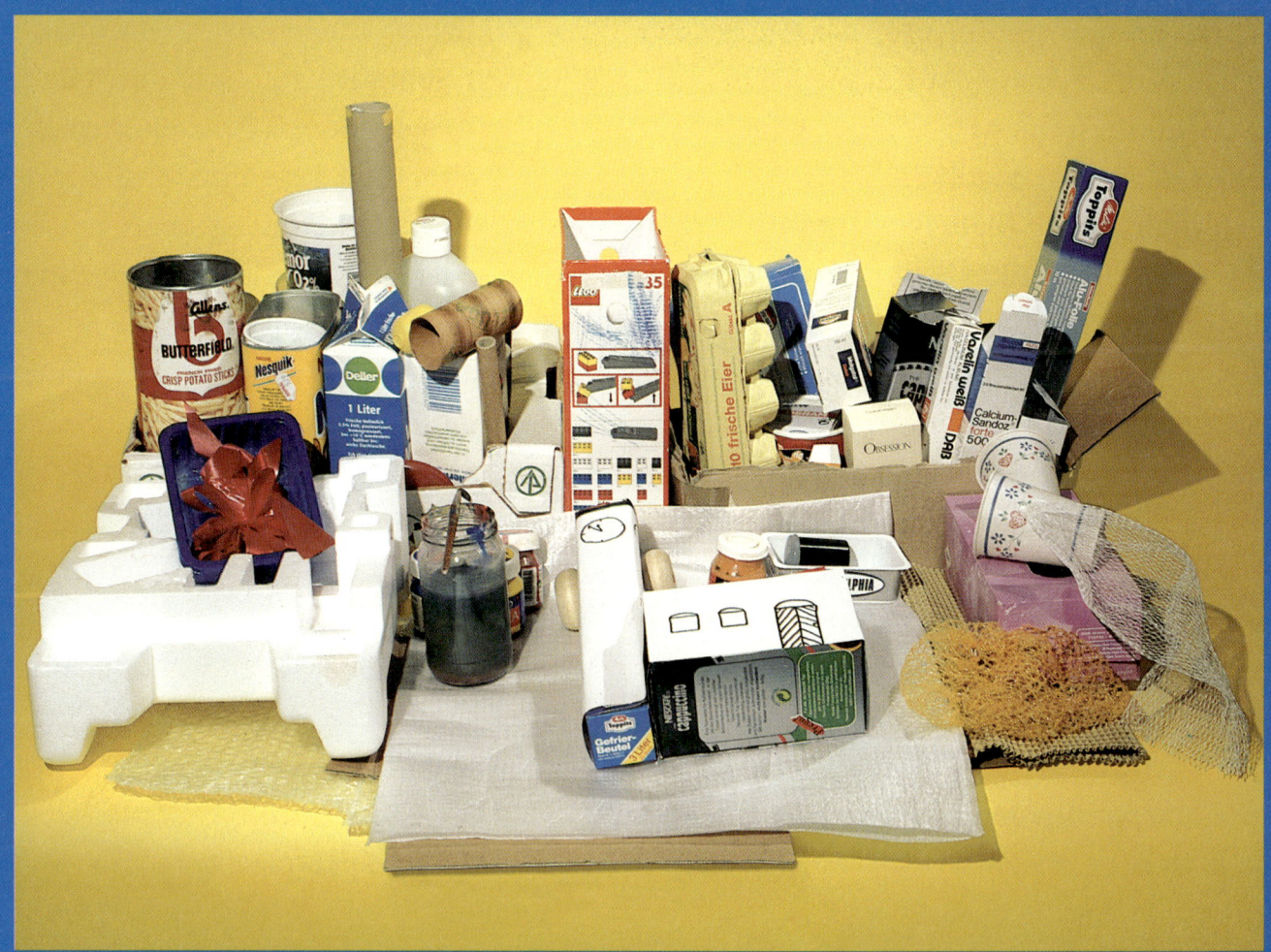

WIE UND WAS SAMMELN?

Es empfiehlt sich, ein Regal mit verschiedenen Fächern und Schubladen für die Bastelsachen zu reservieren. Auch in noch so kleinen Wohnungen findet sich bestimmt eine kleine Ecke nach dem nächsten Aufräumen. Da für das Müllbasteln so viele verschiedene Teile gesammelt werden, ist es übersichtlicher, die Materialsammlung für das Basteln etwas zu organisieren. Unsere Erfahrung hat gezeigt, daß die Bastelideen sich nicht so gut entfalten können, wenn die einzelnen Teile durcheinander in der Wohnung verstreut sind. Dann kommt man wirklich vor lauter Müll nicht mehr zum Basteln. Hinzu kommt, daß mehr und konzentrierter gesammelt wird, wenn es einen festen Platz für die einzelnen Teile gibt.

Da jede Familie unterschiedliche Haushaltreste produziert, werden Sie eine große Menge bestimmter Dinge sammeln, die bei anderen Familien weniger oder gar nicht vorkommen. Vielleicht verspeisen Sie fünf Joghurt am Tag, eine andere Familie ißt dagegen fünf Dosen Erbsen in der Woche. Wir möchten Sie ermutigen, diese Teile ruhig in den anfallenden großen Mengen zu sammeln, da Sie dann in der Lage sein werden, größere oder umfangreichere Objekte zu basteln. Zum Beispiel können Sie aus sehr vielen Kronkorken eine repräsentative Pyramide errichten oder mit jedem zusätzlichen Frischkäsebehälter Ihre Eisenbahn um einen weiteren Waggon verlängern. Sollten Sie jedoch irgendwann über die Müllhalden in Ihrer Wohnung stolpern, ist es angezeigt, einen Teil des Bastelmaterials beim nächstgelegenen Recyclinghof abzugeben.

1. Basismaterial:

★ Korken
★ Kronkorken
★ Joghurt- und andere Behälter
★ Schachteln und Dosen (alle Formen und Größen)
★ Deckel jeder Art
★ Bänder, Schleifen, Einpackpapier, Geschenkpapierreste u.ä.
★ Toiletten- und Haushaltpapierrollen
★ Cornflakes-Packungen und Pappe jeder Stärke und Größe. Für viele

Bastelobjekte in diesem Buch benötigen Sie lediglich ein kleines Stück Pappe. Cornflakes-Packungen u.ä. sowie Verpackungspappe sind ideal!

★ Leere Filmdosen
★ Milchtüten (Natürlich versuchen Sie, Ihre Milch weitestgehend in Glasflaschen zu kaufen. Die eine oder andere Milchtüte wird aber doch gekauft, wenn die Glasflaschen einmal aus sind oder man nicht so schwer tragen möchte.)
★ Eierkartons
★ jede Art von Stäben, z.B. Schaschlikspieße oder Eisstiele
★ Konservendosen
★ Gemüse- und Obstnetze
★ Verpackungsreste (Schaumstoff, Styropor u.ä. in allen Formen und Größen)
★ Teile von kaputtem Spielzeug und anderen Gegenständen, z.B. der Griff eines zerbrochenen Regenschirms oder Räder von kaputten Modellautos

Dies ist nur die Grundausstattung. Die Regel heißt, alles zu sammeln, was nicht verderben kann. Sie können es später immer noch wegwerfen!

2. Hilfsmittel zum Basteln:

Dies sind die einzigen Hilfsmittel, die Sie zusätzlich benötigen und wahrscheinlich nicht in Ihrer Müllsammlung finden werden:

★ Schere
★ Klebestreifen
★ Kleber
★ Heißkleber
(Eine Heißklebepistole ist nicht teuer. Sie sollten jedoch nur von Erwachsenen oder größeren Kindern bedient werden. Heißkleber hat den Vorteil, sehr schnell und dauerhaft zu kleben, ist aber unter ökologischen Gesichtspunkten von Nachteil.)

Hier noch einige Hilfsmittel, die Sie für einzelne Bastelobjekte in diesem Buch benötigen:

★ Nadel
★ Faden
★ Hammer
★ Nägel
★ Nylonfaden
★ Draht
★ Kerze

Richten Sie sich im wesentlichen nach den Dingen, die Ihnen verfügbar sind. Dies können Sachen sein, die uns noch nie bei unserem Basteln begegnet sind und die für Sie zusätzlich sehr nützlich sind oder von uns vorgeschlagene Gegenstände ersetzen können.

Bewahren Sie Kleber, Klebestreifen, Schere und ähnliche Hilfsmittel in derselben Schachtel auf. Sammeln Sie kleine Gegenstände wie Knöpfe, Zahnstocher, Korken etc. getrennt z. B. in Joghurtbechern, die wiederum zusammen in einer größeren Schachtel Platz finden.

Papier- und Pappstücke werden in einer Schachtel aufbewahrt, die natürlich aus dem Haushaltmüll kommt!

BASTELMETHODEN

Einige grundlegende Basteltechniken werden in diesem Buch mehrfach angewendet. Sie werden an dieser Stelle beschrieben, und im späteren Verlauf des Buches wird dann auf sie verwiesen.

Die „Draht + Kerze"-Methode

Wird ein Loch in einem Plastikbecher, -deckel o. ä. benötigt, erhitzt man am besten ein Stück Draht an einer Kerzenflamme und sticht den heißen Draht durch das Plastik.

Die „Schlitz + Klapp"-Methode

Diese Technik wird benutzt, um Papprollen mit anderen Gegenständen zu verbinden. Man schneidet das Ende einer Rolle mehrfach ein, klappt die einzelnen Rollenstückchen nach außen und klebt sie dorthin, wo man sie haben möchte (siehe Abbildung).

Die „Rad + Achse"- Methode

1. Schaschlikspieß-Methode

In jedes Rad wird ein Loch gebohrt oder gestochen, in das der Schaschlikspieß gerade hineinpaßt. Der Spieß wird dann nahe dem Fahrzeugboden durch das Fahrzeug selbst als Achse gesteckt. Die Löcher im Fahrzeug sollten groß genug sein, daß sich die Achsen frei darin bewegen können. Als letztes wird das andere Rad von der Gegenseite fest aufgesteckt und eventuell festgeklebt (siehe Abbildung rechts).

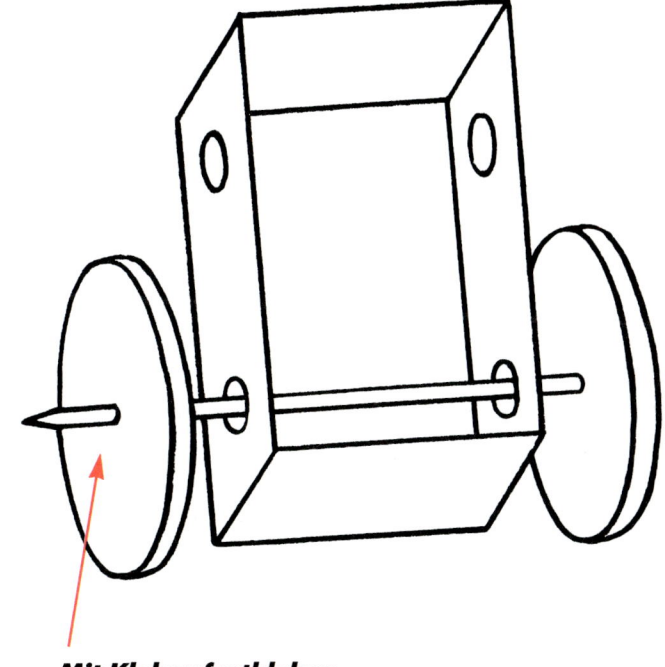

Mit Kleber festkleben

Mit Klebestreifen festkleben

2. Strohhalm-Methode

Ebenso wie bei der vorgenannten Methode wird der Strohhalm duch das Fahrzeug selbst gesteckt (als Achse). Die Strohhalme werden dann auf beiden Seiten durch die Radmitten gesteckt. Die Strohhalmenden werden drei- bis viermal eingeschnitten, umgeklappt und mit Klebestreifen festgeklebt (siehe Abbildung links).

Die Bastelvorschläge in diesem Buch sagen nichts darüber aus, was Ihr Kind können sollte. Es ist Ihre Entscheidung, welche Bastelschritte Ihr Kind übernehmen kann. Einige Kinder schneiden gerne, andere malen lieber, wieder andere wollen nur entscheiden, welche Augenfarbe der gebastelte Fisch erhalten soll und wo seine Nase hingehört. Manche Kinder schauen am liebsten nur zu, wie Sie die ganze Arbeit machen. Das heißt jedoch nicht, daß das Kind nichts lernt oder an dem Bastelprozeß nicht teilnimmt. Im Gegenteil – es lernt mehr als wir wahrnehmen. Es lernt z.B. die vielen verschiedenen Verwendungsmöglichkeiten für eine leere Filmdose und die unterschiedlichen Funktionsweisen von Gegenständen. Letztlich ist die Tatsache, daß Sie und Ihr Kind mit einem gemeinsamen Ziel zusammen sitzen, der wichtigste Aspekt des Bastelns.

Erlauben Sie Ihrem Kind zu schneiden und zu malen, während Sie beginnen, etwas zu basteln. Seine Phantasie wird allein dadurch angeregt, daß Sie daneben sitzen und selbst Ideen verwirklichen. Sie werden erstaunt sein, wie plötzlich Ihr Kind auch das machen möchte, was Sie gerade machen und ohne Aufforderung mithelfen will. Sie müssen nur anfangen, nicht das Kind.

Hören Sie auf die Ideen Ihres Kindes, auch wenn sie sich von Ihren Ideen oder den Vorschlägen in diesem Buch unterscheiden. Die Ideen der Kinder sind meistens besser. Lassen Sie alle Nachbarskinder mitsammeln und mitbasteln – schon haben Sie ein Nachbarschaftsprogramm initiiert.

Basteln Sie die Objekte so aufwendig wie Sie wollen – einfache Gegenstände sind nicht schlechter, das Verzieren und Ausschmücken hängt von Ihnen und den Ihnen verfügbaren Teilen ab. Deshalb werden Sie in diesem Buch oft sehr einfache und schlichte Bastelobjekte finden. Benutzen Sie die Phantasie der Kinder, sie zum Leben zu erwecken!

ROBOTER UND PUPPEN

◆

Dosenroboter

Schachtelroboter

Tütenmonster

Big Boy

DOSENROBOTER

Verwendetes Material:

★ 2 gleiche mittelgroße Dosen (Beine)
★ 1 große Dose (Körper)
★ 1 kleine Dose (Kopf)
★ 30 Kronkorken (Arme)
★ 5 Knöpfe (zum Befestigen)

Sonstiges:

★ Nylonfaden und Nadel
★ farbiges Papier zum Dekorieren
★ Hammer, Nagel und ein Holzstück

Vorbereitung:

1. Mit Hammer und Nagel und einem Stück Holz als Unterlage je ein Loch in die Mitte der Kronkorken hämmern.

2. In die große Dose für den Körper zwei sich gegenüber liegende Löcher für die Arme nahe dem geschlossenen Ende der Dose hämmern. Zusätzlich zwei sich gegenüber liegende Löcher am unteren, offenen Ende der Dose hämmern, um die Beine befestigen zu können. Hierbei ist es hilfreich, von innen ein Stück Holz gegenzuhalten, um die Nägel besser durchschlagen zu können.

3. In die Mitte der Dosenböden je ein Loch schlagen. Alle Dosen stehen beim Dosenroboter auf dem Kopf, d. h. mit den geschlossenen Dosenböden nach oben.

Bastelschritte:

1. Arme, Körper und Kopf:
Ein Ende eines ca. 80 cm langen Nylonfadens an einem Knopf befestigen. Mit einer Nadel den Nylonfaden durch 15 Kronkorken ziehen, durch ein Armloch führen und von dort aus durch das Loch in der Mitte des Dosenbodens nach oben durch das obere Loch in der Dose für den Kopf ziehen. Einen weiteren Knopf nehmen und den Faden durch ein Knopfloch ziehen und durch das andere Knopfloch hindurch wieder in dasselbe Loch des Roboterkopfes hinuntergehen. Der Knopf verhindert, daß der Faden wieder hineinrutscht. Den Faden festziehen, um den Arm und den Kopf nicht locker hängen zu lassen. Dann den Faden von innen nach außen durch das

16

andere Armloch sowie die restlichen 15 Kronkorken fädeln. Festziehen und das Fadenende mit einem Knopf am letzten Kronkorken befestigen.

2. Beine:

Mit einem ca. 30 cm langen Nylonfaden und einer Nadel von außen nach innen durch eines der Beinlöcher im Körper des Roboters und sogleich nach unten durch das Loch in der Beindose gehen. Das andere Ende des Fadens festhalten, damit es nicht nachrutscht. Einen Knopf nehmen und ebenso wie beim Kopf durch ein Knopfloch fädeln, durch das andere wieder zurück und denselben Weg des Fadens bis zum Anfang zurückverfolgen. Beide Enden des Nylonfadens festziehen und verknoten. Diese Vorgehensweise beim anderen Bein wiederholen.

3. Die Dosen nach Geschmack bekleben oder bemalen.

Der Roboter kann seine Arme und Beine bewegen und seinen Kopf ganz herumdrehen.

SCHACHTELROBOTER

Verwendetes Material:

★ Schachteln verschiedener Größen
  (Kopf, Körper, Arme, Beine, Füße)
★ einige Knöpfe (Gesicht)
★ Zahnstocher und Knopf (Antenne)

Sonstiges:

★ Schere
★ Kleber

Bastelschritte:

Die verschiedenen Schachteln zusammenkleben (siehe Foto). Nach Lust und Laune anmalen oder bekleben. Kleine Papierschnipsel, Filz o. ä. können an Stelle von Knöpfen verwendet werden. Unser Roboter bekam zusätzlich eine Antenne und wird als Schatzkästchen für kleine Kinderschätze benutzt. Der Türgriff zu seinem Innersten ist eine rohe Nudel.

TÜTENMONSTER

Verwendetes Material:

★ 1 Tüte von vacuumverpacktem
  Kaffee (Körper)
★ Styropor oder alte Zeitung
  (Körperfüllung)
★ Pappstückchen und Papierreste
  (Arme, Beine, Augen)
★ 1 kleines Stück Stoff (Mund)

Sonstiges:

★ Schere
★ Kleber

Bastelschritte:

1. Der Mund ist die Öffnung für den Kaffee, die schräg an einer Seite aufgeschnitten wurde. Nicht die gesamte Oberseite der Tüte aufschneiden! Wir haben die Tüte durch die Mundöffnung mit den kleinen Plättchen aus Styropor gefüllt, die man oft als Verpackungsmaterial findet. Nach dem Füllen haben wir als Mund innen in die Öffnung ein Stück Stoff geklebt, auch damit die Füllung nicht wieder hinausfällt.

2. Den unteren Rand der Tüte nach außen biegen und mit festerer Pappe als Verlängerung und Verstärkung bekleben, damit das Monster besser stehen kann.

3. Arme: für jeden Arm zwei dünne Papierstreifen nehmen und im 90° Winkel aufeinander legen. Abwechselnd einen Streifen über den anderen falten (siehe Abbildung) und an den Körper kleben.

Das Tütenmonster mit der einen Hand unten festhalten und mit der anderen Hand den oberen Rand der Tüte auf und ab bewegen. Dabei öffnet und schließt sich der Mund, und das Tütenmonster kann sagen, was es zum Essen gibt.

Verwendetes Material:

- ★ 1 Paar alter Kinderschuhe
- ★ 2 Toilettenpapierrollen (Füße)
- ★ 4 Haushaltpapierrollen (Arme und Beine)
- ★ 1 Corn-Flakes- o. ä. Schachtel, auseinandergefaltet und mit der Innenseite nach außen wieder zusammengeklebt (Körper)
- ★ 1/2 Toilettenpapierrolle (Hals)
- ★ 1 Kopf aus Papiermaché, mit einem Luftballon gebastelt
- ★ 1 Plastikteller (Hut)
- ★ 1 Feder (Hutschmuck)
- ★ 1 Plastiktüte (Jacke)
- ★ Klettverschluß und Klebeband (Jackenknöpfe)
- ★ Fäden (Haare)

Die Idee zu dieser Puppe wurde geboren, als gerade ein altes Paar Kinderschuhe im Abfall landen sollte. Dies tat uns einfach leid, und so wurde der „Big Boy" von den Schuhen an aufwärts gebastelt.

Diese Puppe ist zum Spielen nicht so gut geeignet, aber es macht sehr viel Spaß, sie zu basteln. Sie kann hinterher z. B. als Partydekoration in verschiedener Kleidung herhalten oder als Maskottchen beim Fußballturnier am Spielfeldrand stehen.

Sonstiges:

- ★ Schere
- ★ Kleber
- ★ Nadel
- ★ Wasser und Mehl

Vorbereitung:

Zur Herstellung des Kopfes Wasser und Mehl mixen, bis die Mischung ungefähr die Konsistenz von Pfannkuchenteig erreicht. Papierstreifen aus Zeitungspapier reißen, in den Wasser-Mehl-Teig tauchen und um einen aufgeblasenen Luftballon wickeln. Mindestens drei Lagen Papier sind notwendig. Knäuel aus Zeitungspapier formen Nase, Ohren, Lippen und andere Gesichtszüge. Den Kopf zum Trocknen aufhängen – nicht hinlegen, da er sich sonst plattliegt. Vorsicht: anfangs tropft der Kopf noch ein wenig, daher besser eine Zeitung unterlegen! Mindestens 24 Stunden trocknen lassen.

Bastelschritte:

1. Füße: Die Toilettenpapierrollen gemäß der durchgezogenen Linien in Abbildung 1 schneiden. Für das Zehenende eine Seite des Schlitzes über die andere klappen und festkleben (siehe Abbildung 2).

2. Beine: Die Haushaltpapierrollen an den dafür vorgesehenen Klappen der Füße festkleben (siehe Abbildung 2). Die Beine mit dem Körper nach der „Schlitz + Klapp"-Methode (siehe Seite 12) verbinden.

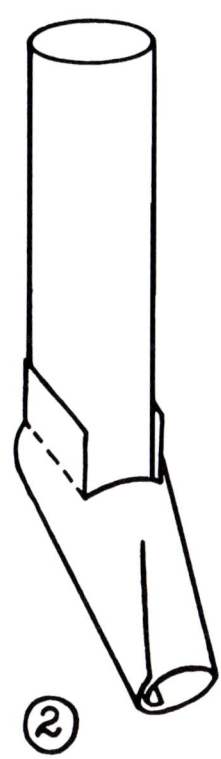

3. Hals: Nach derselben Methode das Halsstück oben auf den Körper kleben.

4. Arme: Ebenfalls nach dieser Methode die Arme an den Körper kleben. Die Haushaltpapierrollen werden vorher jedoch schräg angeschnitten, damit die Arme nicht gerade vom Körper abstehen, sondern etwas nach unten hängen (siehe Abbildung 3). Als Hände können alte Handschuhe angezogen werden, oder die Finger werden einfach in die Papierrolle eingeschnitten.

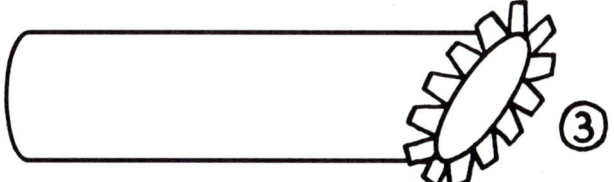

5. Kopf: Nachdem das Papiermaché getrocknet ist, kann das Gesicht aufgemalt werden. Wenn man ein ca. 5 cm großes Loch in den Kopf schneidet, können Fäden als Haare an den Lochrand angenäht werden. Das Loch kann hinterher mit Klebeband, Papier oder einem Hut wieder abgedeckt werden. Den Kopf an die Klappen der Halsrolle kleben.

6. Jacke: Die Puppe ist gut gekleidet mit einer alten Weste oder einer Plastiktüte, die als Weste zurechtgeschnitten wird. Zum An- und Ausziehen können Klettverschlüsse vorne an die Jacke geklebt werden, nachdem die Plastiktüte an diesen Stellen vorher mit Klebeband verstärkt wurde. Aus farbigem Klebeband können als zusätzlicher Schmuck Knöpfe aufgeklebt werden.

FAHRZEUGE

◆

Flugzeug

UFO

Eisenbahn

Geländewagen

Verwendetes Material:

★ 2 Haushaltpapierrollen (Körper und Flügel)

★ 1 Stück Toilettenpapierrolle, ca. 5 cm (Heckflosse)

★ 1/2 Plastiküberraschungsei oder Flaschendeckel (Flugzeugnase)

Sonstiges:

★ Farbe oder Farbstifte

★ Kleber und Schere

Bastelschritte:

1. Für die Flugzeugnase ein Ende einer Haushaltpapierrolle einschlitzen und übereinanderklappen, um das Ende zu verengen. Die Nase aufsetzen und festkleben.

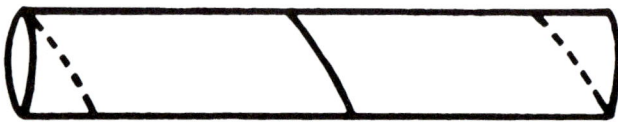

Abb. 1

2. Die andere Haushaltpapierrolle etwas zusammendrücken und mit einem schrägen Schnitt in zwei Hälften schneiden (siehe Abbildung 1). Die beiden Hälften als Flügel an den Rumpf kleben mit der „Schlitz + Klapp"-Methode (siehe Seite 12), so daß die Flügel schräg nach hinten abstehen (siehe Abbildung 2). Damit

die Flügel die richtige Form erhalten, werden sie an den äußeren Enden abgeschrägt nach unten gefaltet, und das gefaltete Ende wird an der Unterseite der Flügel festgeklebt.

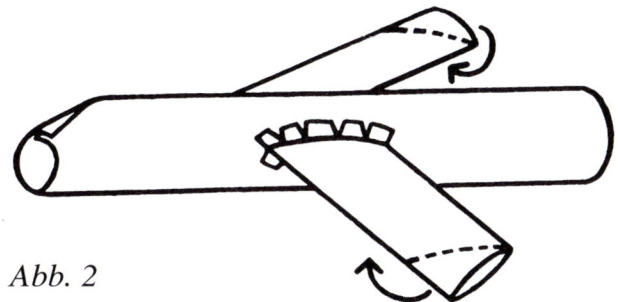

Abb. 2

Abb. 3

3. Heckflosse: das Stück Toilettenpapierrolle zusammendrücken und in einem Knick aufschneiden. Ein schräges Stück abschneiden, um die Form einer Heckflosse zu erhalten (siehe Abbildung 3). Die Kanten am offenen unteren Ende umklappen und an den Rumpf kleben.

Das Flugzeug nach Belieben dekorieren.

UFO

Verwendetes Material:

★ 2 kleine Aluminiumschüsseln (Ober- und Unterteil vom UFO)

★ 1 Stück Toilettenpapierrolle von ca. 3 cm (Boden des UFO)

★ 1 Stück Pappe (Halterung für die Marsmännchen)

★ 2 Zahnstocher (Körper der Marsmännchen)

★ 2 Pompoms (Köpfe der Marsmännchen). Bastelschritte wie beim Spiel „Fische Fangen", s. S. 86.

Sonstiges:

★ Nadel und Faden

★ Schere

★ buntes Klebeband

Bastelschritte:

1. Fenster in eine Aluminiumschüssel schneiden. Vorsicht vor scharfen Kanten! Die Kanten anschließend mit Klebeband abkleben. Die beiden Schüsseln mit Nadel und Faden nur an einer Stelle zusammennähen, damit man das UFO noch öffnen und schließen kann.

2. Das Stück Toilettenpapierrolle als Boden unter die untere Schüssel nach der „Schlitz & Klapp"-Methode kleben.

3. Marsmännchen: Die Pompoms an die Enden der Zahnstocher kleben. Die

26

Augen sind Klebetropfen oder kleine Stückchen Papier. Die Köpfe selbst können auch aus Papierresten gebastelt werden.

4. Ein Stück Pappe wird an den Enden umgefaltet und in den unteren Teil des UFO an den Rändern geklebt. Zwei Löcher jeweils in die Pappe und das UFO-Unterteil bohren, die Marsmännchen hindurchstecken. Man kann sie von unten festhalten, drehen oder auf und ab bewegen. Den Deckel schließen, und weg sind sie!

EISENBAHN

Verwendetes Material:

★ 5 Frischkäsebehälter o. ä. (vier Eisenbahnwaggons und eine Lok)
★ 1 kleine Schachtel (Lokführerhaus)
★ 1 Filmdose (Schornstein)
★ 20 Deckel von Filmdosen (Räder)
★ 10 Schaschlikspieße (Achsen)
★ dicke Pappe (zum Anbringen der Räder)
★ 4 Plastikhaken – z. B. Gardinenhaken – oder Draht (Anhängerkupplung)
★ Faden und Draht (Anhängerkupplung)

Sonstiges:
★ Kleber

Bastelschritte:

1. Waggons:

Nach der „Draht + Kerze"-Methode (siehe Seite 12) in jeden Plastikbehälter vier Löcher für die Achsen bohren. Die Löcher müssen so groß sein, daß sich die Achsen leicht darin drehen können, und sie sollten so dicht wie möglich am Boden der Behälter liegen.

In die Mitte jedes Filmdosendeckels (Räder) ein Loch schmelzen oder mit Hammer und Nagel hauen. Diese Löcher sollten gerade nur so groß sein, daß die Achsen fest darin sitzen.

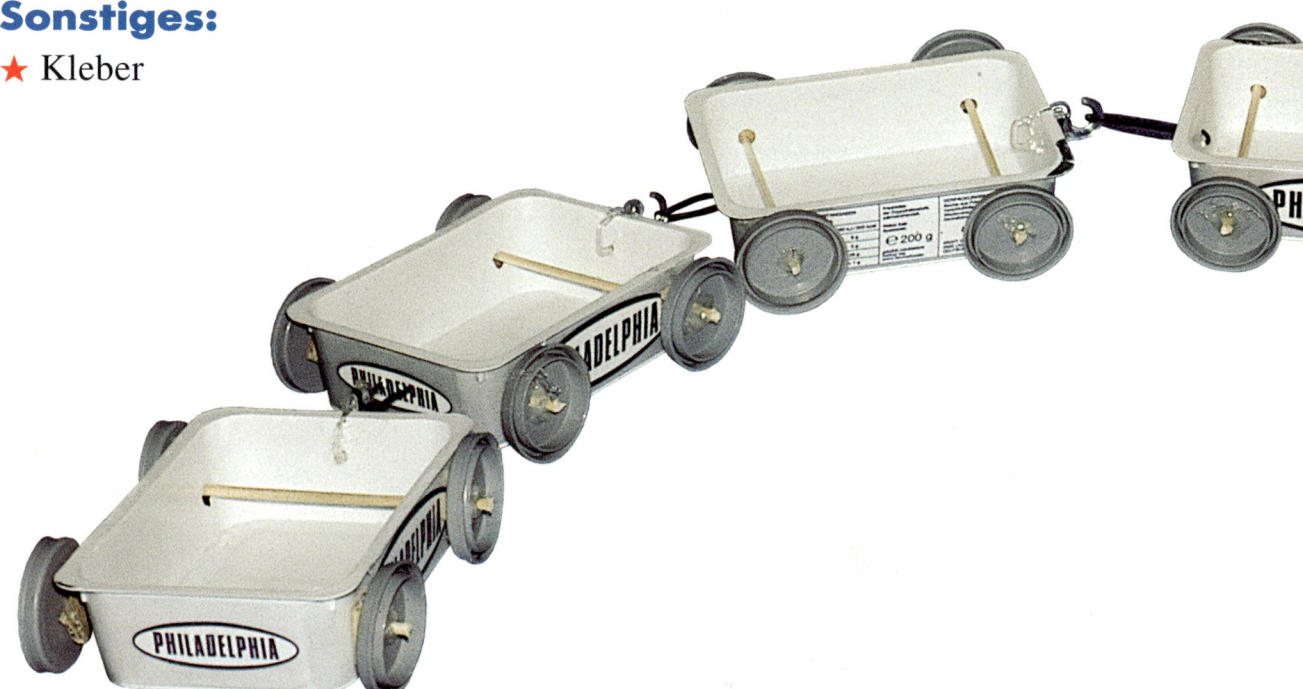

28

Stückchen aus dicker Pappe sind die Abstandhalter zwischen den Rädern und den Waggons. In die Mitte jedes Pappstückes wird mit einer dicken Nadel ein Loch gebohrt. Alle zehn Achsen werden nach der „Rad + Achse"-Methode mit Schaschlikspießen (siehe Seite 13) gebastelt. Bitte darauf achten, daß die Räder leicht rollen. Ansonsten die Abstandhalter etwas versetzen oder die Löcher in den Plastikbehältern vergrößern.

2. Anhängerkupplung:
In die Rückwand jedes Waggons und der Lok zwei Löcher direkt nebeneinander bohren. Einen Faden durch die beiden Löcher ziehen und die Enden verknoten. Ein Loch durch die Vorderwand jedes Waggons bohren. Aus Draht vier Haken formen und sie durch das Loch führen und verdrehen, daß sie an ihrem Platz bleiben. Wir haben einfach vier Gardinenhaken an die Vorderseiten der Waggons geklebt. Jetzt können die Waggons und die Lok mit den Fäden und Haken verbunden werden. Zum Ziehen der Eisenbahn einen langen Faden wie vorher beschrieben an der Vorderseite der Lok anbringen.

3. Lok:
Den Deckel eines Frischkäsebehälters auf den Behälter für die Lok setzen. Die kleine Schachtel für das Führerhaus und die Filmdose als Schornstein auf den Deckel kleben.

GELÄNDEWAGEN

Verwendetes Material:

★ 2 rechteckige Schachteln in unterschiedlicher Größe (Karosserie)

★ 5 Kronkorken (vier Räder und ein
Reserverad)

★ 2 Knöpfe oder farbiges Papier
(Scheinwerfer)

★ Pappreste

Sonstiges:

★ Kleber

★ Farbstifte

Bastelschritte:

Die kleinere Schachtel längs auf die
größere kleben. Die Kronkorken
zunächst an kleine Stückchen Pappe
und diese dann an den Geländewagen
kleben, damit sie besser halten. Die
Scheinwerfer anbringen und Türen und
Fenster aufmalen oder ausschneiden.
Der natürliche Deckel der Schachtel
kann als Heckklappe benutzt und der
Wagen so beladen werden.

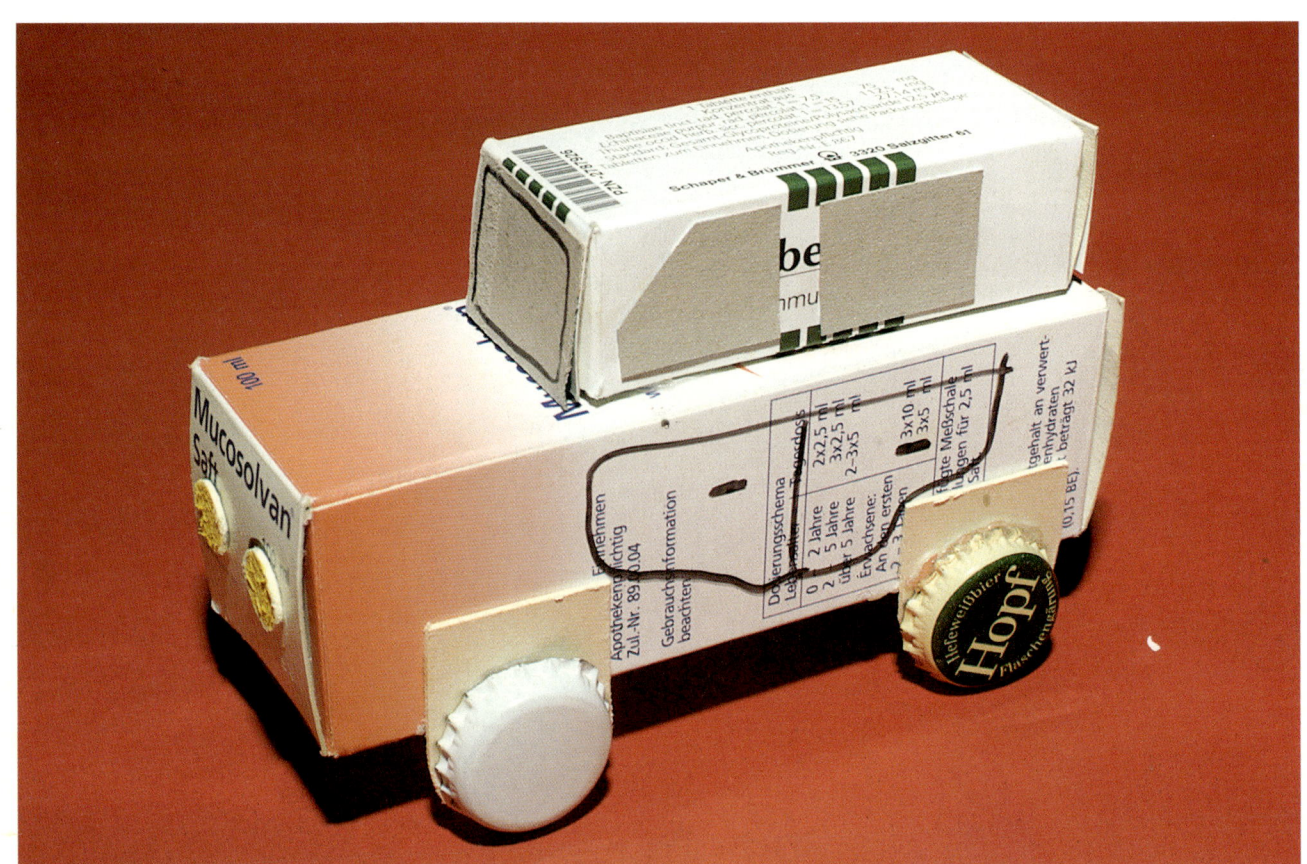

SPIELZEUG FÜR DRAUSSEN

◆

Käferkiste

Schmetterlingsnetz

Fallschirm

KÄFERKISTE

Verwendetes Material:

★ 1 Milch- oder Saftkarton
★ Stücke von einem Netz

Sonstiges:

★ Schere
★ Kleber

Bastelschritte:

1. In alle vier Seiten des Milchkartons eine Öffnung schneiden. Dabei die Ecken und einen Rand am unteren Ende stehenlassen.

2. Das Netz um die Öffnungen herum festkleben.

Käfer und andere Insekten können entweder durch ein mit einem Korken verschließbares Loch hineingetan werden oder durch die normale Gießöffnung am oberen Falz, die dann z. B. mit einer Büroklammer geschlossen gehalten wird. Gras, Stöckchen, Wasser etc. hinzufügen.

SCHMETTERLINGSNETZ

Jetzt gibt es eine Verwendung für Obst- und Gemüsenetze.

Verwendetes Material:

★ größeres Netz
★ Haushaltspapierrolle (Griff)
★ alter Kleiderbügel aus Draht oder ein Stück fester Draht (Netzrand)

Sonstiges:

★ Nadel und Faden
★ Schere
★ Kleber

Bastelschritte:

1. Den Draht in der gewünschten Größe (je nach Größe der Netzöffnung) rundbiegen.

2. Den Netzrand um den Draht legen und mit Nadel und Faden festnähen.

3. In ein Ende der Papprolle zwei Schlitze schneiden, in denen der Draht mit Kleber oder Klebestreifen festgehalten wird (siehe Abbildung).

FALLSCHIRM

Verwendetes Material:

★ 1 Serviette oder ein quadratisches Stück Plastik oder anderes leichtes Material von ca. 30 cm Seitenlänge (Fallschirm)

★ 4 Fäden, jeder ca. 40 cm lang (Fallschirmseile)

★ Korken oder kleine Figur (Fallschirmspringer)

Sonstiges:

★ Klebeband
★ Nadel

Bastelschritte:

Alle 4 Ecken des Fallschirms mit Klebeband verstärken. Die Fäden mit einer Nadel durch die verstärkten Ecken ziehen und verknoten. Darauf achten, daß alle 4 Fäden gleich lang sind. Die anderen Fadenenden zusammenbinden. Den Korken oder eine andere kleine und leichte Figur an diesem Knotenende festmachen.

Wie fliegt der Fallschirm?

1. Mit der rechten Hand die Mitte des Fallschirms greifen.

2. Mit der linken Hand am Fallschirm von der Mitte aus nach unten gleiten, um die 4 Ecken zusammenzubringen. Die Ecken mit der linken Hand festhalten.

3. Dann mit der rechten Hand den Fallschirm in der Hälfte abknicken und die Spitze zusammen zu den Ecken in die linke Hand legen.

4. Die Fallschirmseile mit dem Fallschirmspringer vollständig um den Fallschirm in der linken Hand wickeln, bis man ein festes Bündel hat.

5. Dieses Bündel so hoch wie möglich in die Höhe werfen. In der Luft entfaltet sich der Fallschirm und der Fallschirmspringer landet sicher auf der Erde. Ebenso kann man den Fallschirm von einem Balkon fallen lassen. In diesem Fall braucht es nicht erst zu einem Bündel gefaltet werden. Vorsicht: nicht selbst den Fallschirm als Fallschirmspringer ausprobieren!

SPIELZEUG

◆

SONSTIGES SPIELZEUG

Karussell

Waage

Autoschuh

Puppenhaus für unterwegs

Formen finden

Lernuhr

Nähkarten

Gitarre

Instrumenten-Trio

Der einfühlsame Würfel

KARUSSELL

Verwendetes Material:

★ 1 großes Stück Pappe (Bodenplatte)

★ 2 Milchkartons (Oberteil des Karussells)

★ 1 dünne Papprolle, z. B. Faxpapierrolle (Drehstab des Karussells)

★ 1 langen, dünnen und runden Behälter, in den man den Drehstab locker stellen kann (Stütze). Die Stütze muß kürzer sein als der Drehstab.

★ 6 Plastiküberraschungseier (12 Hälften) o. ä., z. B. die Vertiefungen von Eierkartons (Karussellsitze)

★ 12 Fäden von ca. 15 cm Länge

★ 12 Stückchen Draht von ca. 12 cm Länge

Für jeden Karussellfahrer:

★ 1 Korken

★ 1 Kastanie

★ 1 Zahnstocher

Sonstiges:

★ Kleber

★ Klebeband

★ Nadel

Vorbereitung:

Boden und Oberteil der Milchkartons abschneiden. Die Kartons flach zusammendrücken und in je sechs gleiche Teile schneiden, so daß man zwölf rautenförmige Teile erhält.

Nach der „Draht + Kerze"-Methode (siehe Seite 12) in jede Plastikeihälfte am Rand zwei sich gegenüberliegende Löcher bohren.

Bastelschritte:

1. Oberteil des Karussells:
Eine Seitenkante jeder Rautenform an die Papprolle kleben. Anschließend die Rautenformen an den Seiten zusammenkleben. Wenn kein Heißkleber zur Verfügung steht, sollte man zur zusätzlichen Haltbarkeit unter die Rautenformen ein Stück Pappe kleben. Man kann ebenfalls die Rautenformen mit Klebeband zusammenhalten.
Falls die zwölf Rautenformen, die wir benutzt haben, zu schwierig zum Basteln erscheinen, kann man auch mit nur sechs Formen arbeiten, da die Milch-

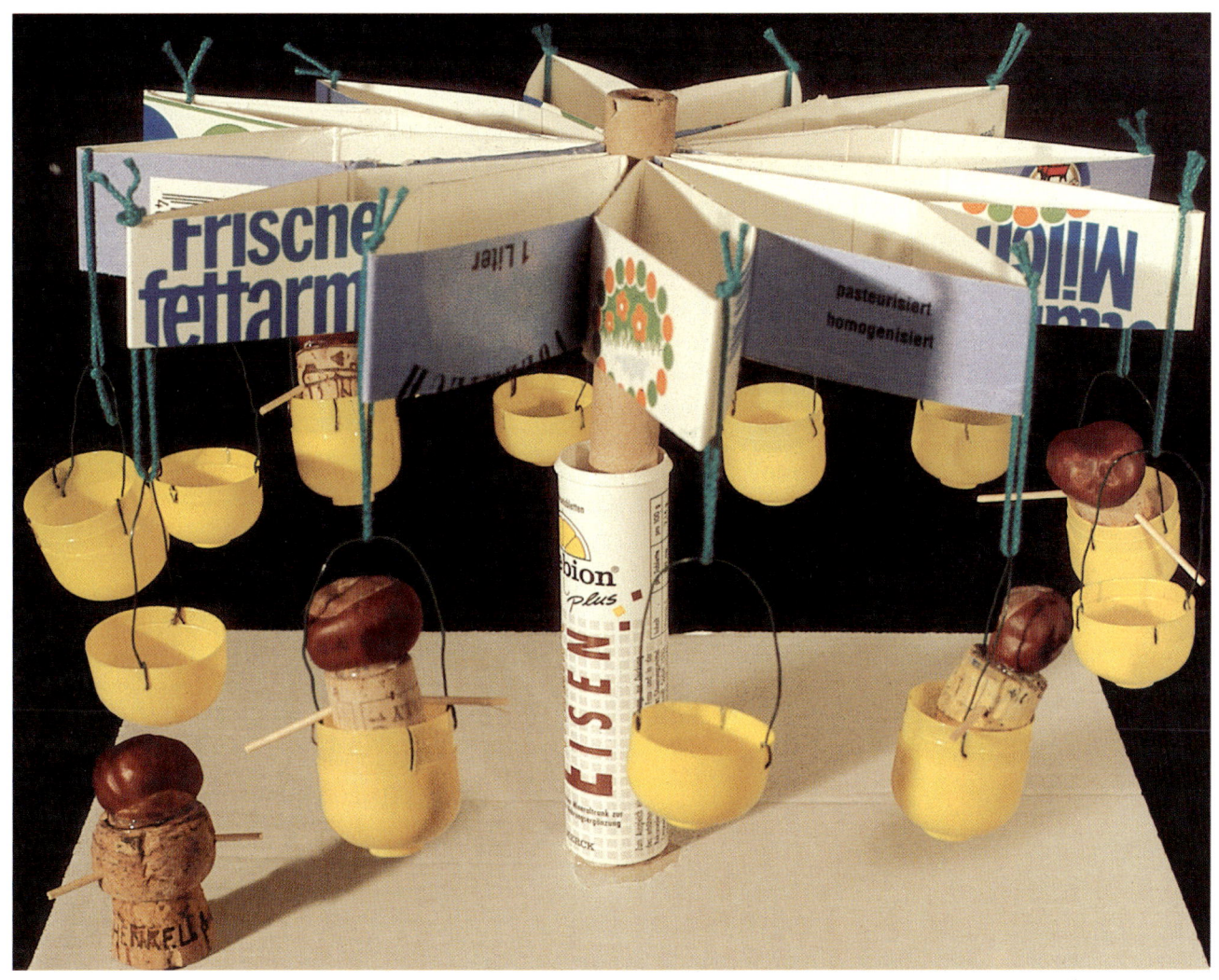

kartons leicht breiter zu machen sind. Den runden Behälter, der als Stütze dient, auf die Mitte der Bodenplatte kleben. Den Drehstab mit den Rautenformen in die Stütze stellen.

2. Karussellfahrer:
Für jeden Fahrer eine Kastanie auf ein Korkenende kleben. Die Zahnstocher in der Mitte durchbrechen und als Arme seitlich in die Korken stecken. Hierzu

kann man die Löcher eventuell mit einer Nadel vorbohren.

3. Karussellsitze:
Die Drahtstücke durch die Löcher in den Plastikeihälften schieben und festdrehen. Darauf achten, daß keine Drahtenden abstehen. Jetzt können die Karussellsitze mit den Fäden an dem Oberteil aufgehängt werden.

Diese Waage vermittelt Kindern auf lustige und spielerische Art und Weise, was Gewicht und Gleichgewicht bedeuten.

Verwendetes Material:

★ 1 Stück Pappe (Bodenplatte)
★ 3 Haushaltpapierrollen (zwei Stützen und ein Hebel)
★ 1 Schaschlikspieß, Strohhalm o. ä. (Drehachse des Waagenhebels)
★ 2 kleine, leichte und gleiche Behälter (Waagschalen)
★ Faden (Aufhängung der Waagschalen)

Sonstiges:

★ Nadel
★ Schere

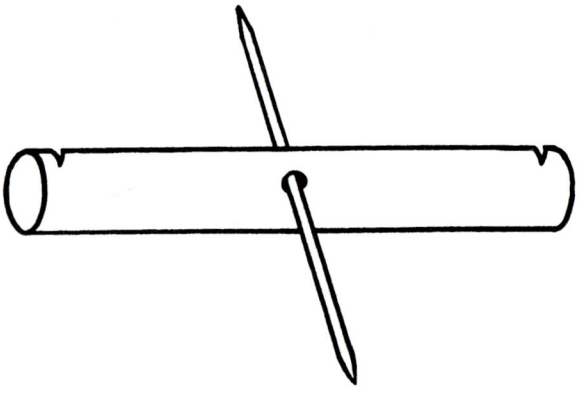

Bastelschritte:

1. Stützen:
Zwei Haushaltpapierrollen auf die Mitte der Bodenplatte im Abstand von ca. 7 cm kleben („Schlitz + Klapp"-Methode, siehe Seite 12).

2. Hebel:
Einen Schlitz nahe jedem Ende einer Haushaltpapierrolle schneiden. Der Abstand zum Ende muß an beiden Seiten genau gleich sein. Darin werden die Fäden zum Aufhängen der Waagschalen gehalten. Genau in die Mitte der Papprolle im oberen Drittel zwei Löcher bohren, durch die der Spieß als Drehachse gesteckt wird (siehe Abbildung).

3. Waagschalen:
Nach der „Draht + Kerze"-Methode (siehe Seite 12) nahe der Oberkante der Waagschalen zwei sich gegenüberliegende Löcher bohren.

4. Zusammenbau der Waage:
Je zwei sich gegenüberliegende Schlitze in die Oberkanten der Stützen schneiden

und die Drehachse mit dem Waagen-
hebel hineinlegen. Dann oben zwei
Stückchen Pappe aufkleben, damit die
Drehachse nicht wieder hinausfällt. Mit
zwei Fäden gleicher Länge (ca. 25 cm)
die Waagschalen aufhängen.
Die Kinder können in jede Waagschale
verschiedene Objekte legen, z.B. Popcorn mit der richtigen Menge Reis ins
Gleichgewicht bringen. So können sie
lernen, welche Gegenstände ungefähr
gleich viel wiegen, schwerer oder
leichter sind. Die Experimente können
beginnen!

AUTOSCHUH

Mit diesem Spielzeug lernen Kinder spielend, ihre Schnürsenkel zu binden.

Verwendetes Material:

★ 2 Kleenex-Schachteln mit ovaler Öffnung (eine Schachtel für jeden Fuß)
★ Pappreste (Windschutzscheibe)
★ 2 Kronkorken (Scheinwerfer)
★ 1 Schnürsenke, in zwei Hälften geschnitten, oder 2 Bänder

Bastelschritte:

1. Aus Pappe die Windschutzscheiben auschneiden und vorne an die Kleenexschachteln kleben.

2. Die Scheinwerfer ankleben.

3. In die Längsseiten der Schachteln hinter der Windschutzscheibe auf beiden Seiten zwei Löcher einschneiden (siehe Abbildung). Die Schnürsenkel oder Bänder durch diese Löcher ziehen und zu einer Schleife binden.

4. Räder aufmalen oder aus Papier ausschneiden und aufkleben.

Gute Fahrt!

PUPPENHAUS FÜR UNTERWEGS

Dies ist ein Puppenhaus für die Reise, das manchem Kind die Langeweile vertreiben hilft.

Verwendetes Material:

★ 1 große Plastikflasche mit Griff (Puppenhaus)
★ 1 Stück Pappe (Zwischendecke)

Sonstiges:

★ große Schere
★ farbiges Klebeband

Bastelschritte:

1. Je zwei Türen übereinander in die beiden breiten Seiten der Flasche schneiden.
Die Schnittkanten mit Klebeband abdecken.

2. Ein passendes Stück Pappe als Zwischendecke in die Flasche kleben.

FORMEN FINDEN

Dies ist ein hervorragendes Spielzeug für kleine Kinder, um die Feinmotorik zu üben und verschiedene Formen und Materialien kennenzulernen.

Verwendetes Material:

★ 1 große Plastikflasche (Behälter für die verschiedenen Gegenstände)
★ kleinere Gegenstände in verschiedenen Formen und Materialien, die sich im Haushalt finden, z. B. leere Seifendose, leere Garnspule, verschiedenen Flaschendeckel, Eisstiel, Holzstück, Filmdose, Korken, verschiedenen Schachteln etc.

Sonstiges:

★ scharfe Schere oder Messer
★ farbiges Klebeband

Bastelschritte:

1. Den im Haushalt gefundenen Gegenständen entsprechend an allen Seiten der Flasche verstreut Löcher schneiden. Am unteren Rand der Flasche eine Öffnung mit Klappe einschneiden, um die Gegenstände wieder herausholen zu können.

2. Die Ränder der Löcher sauber schneiden und mit farbigem Klebeband abkleben.

Jetzt können die Kinder die richtigen Löcher für die verschiedenen Gegenstände suchen und diese in die Flasche werfen.

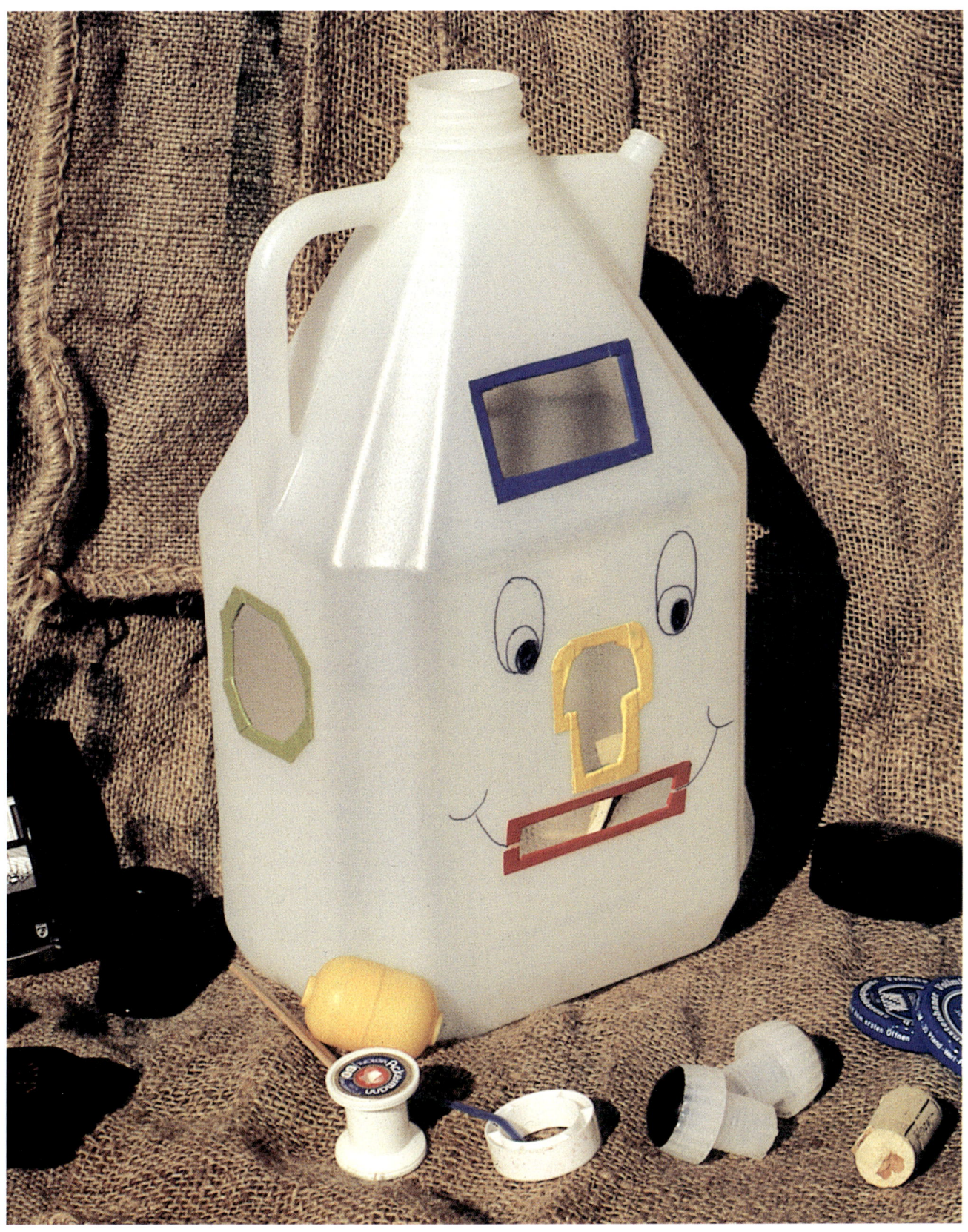

LERNUHR

Verwendetes Material:

★ 1 Papier- oder Plastikteller (Uhr)

★ 1 großes Stück Pappe (Untergrund)

★ 2 Streifen Plastik, aus einem Plastikdeckel ausgeschnitten. Streifen aus Pappe sind nicht ganz so haltbar, können aber auch verwendet werden (Uhrzeiger)

★ 1 Musterklammer (Uhrenmitte)

★ Klebeband oder Papier (Zahlen)

★ Farbstifte (zum Bemalen des Hintergrundes)

Sonstiges:

★ Kleber

★ Schere

Bastelschritte:

1. Zwölf Kreise aus Klebeband oder Papier ausschneiden und auf die Uhr kleben. Die entsprechenden Zahlen auf die Kreise malen.

2. Die Uhrzeiger ausschneiden und mit der Musterklammer durch die Mitte der Uhr befestigen.

3. Die Uhr auf den Untergrund kleben und den Untergrund bemalen. Z. B. können Zeiten, die für die Kinder wichtig sind, darauf gemalt werden. So könnten die gemalten Zeiger die Uhrzeit anzeigen, zu der das Kind in den Kindergarten oder die Schule geht. Das Kind kann dann die Zeiger der Lernuhr genauso einstellen und mit einer echten Uhr vergleichen. Wenn beide die gleiche Zeit anzeigen, ist es Zeit zu gehen.

NÄHKARTEN

Mit diesem Spielzeug wird die Feinmotorik der Kinder geübt.

Verwendetes Material:

★ Schuhbänder oder bunte Fäden, deren Ende mit Klebeband verstärkt wird (Nähfäden)
★ Knöpfe, die am anderen Ende der Fäden befestigt werden
★ bunte oder angemalte Pappstücke (Nähkarten)

Sonstiges:

★ Schere
★ Lochzange oder Locher

Bastelschritte:

1. Verschiedenen Formen aus der Pappe ausschneiden und bemalen. Einige Vorschläge sind auf dem Foto erkennbar.

2. Mit einer Lochzange oder einem Locher um den Rand der Nähkarten Löcher knipsen.

Es ist einfach, mit dem verstärkten Fadenende durch die Löcher zu „nähen". Die Knöpfe verhindern, daß die Fäden ganz durch die Löcher rutschen.

GITARRE

Verwendetes Material:

★ 1 Kleenex-Schachtel, deren Öffnung ein bißchen vergrößert wurde (Gitarrenkörper)
★ 1 Haushaltpapierrolle (Gitarrenhals)
★ 1 Stück Pappe (Gitarrenkopf)
★ einige Gummibänder

Bastelschritte:

1. Es gibt zwei Möglichkeiten, den Gitarrenhals an der Kleenex-Schachtel zu befestigen: entweder an einer Schmalseite der Schachtel ein Loch einschneiden und die Haushaltspapier- rolle hineinstecken und kleben oder nach der „Schlitz + Klapp"-Methode (siehe Seite 12) die Rolle an der Schachtel befestigen.

2. Am oberen Ende des Gitarrenhalses Schlitz für den Gitarrenkopf einschnei- den, den Kopf aus der Pappe ausschnei- den und einstecken.

3. Schlitze in die Kleenex-Schachtel schneiden, damit die Gummibänder nicht verrutschen. Wenn die Gummi- bänder verschiedene Längen haben, machen sie beim Spielen verschiedene Töne.

INSTRUMENTEN-TRIO

Verwendetes Material:

1. Trommel:
★ 1 großer Plastikbehälter oder Kaffeedose mit Deckel (Trommel)
★ Band (zum Umhängen der Trommel)
★ farbige Papierreste
★ Hölzstöckchen

2. Rassel:
★ 2 kleinere, gleiche Plastikbehälter (Rassel)
★ Reis, Mais, Sand, Kiesel o.ä.

3. Schelle:
★ 1 großer Plastikdeckel
★ 5 Fäden, je ca. 12 cm lang
★ 5 Kronkorken
★ farbige Papierreste

Bastelschritte:

1. Trommel:
Nach der „Draht + Kerze"-Methode (siehe Seite 12) zwei gegenüberliegende Löcher in den Plastikbehälter nahe der Oberkante bohren. Das Band zum

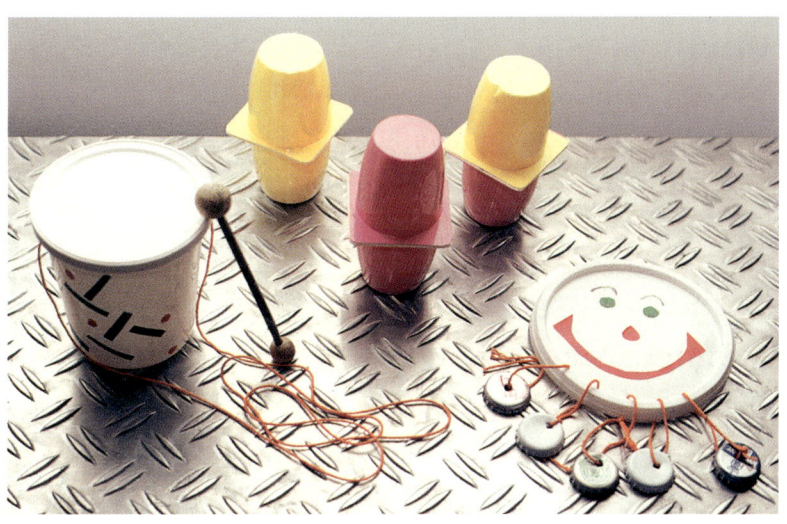

Umhängen durch diese Löcher führen und die Enden zusammenbinden. Den Deckel schließen und die Trommel nach Wunsch bekleben.

2. Rassel:
Einen Behälter zu etwa einem Drittel mit „Krachmachern", z. B. Reis, Kieselsteine etc., füllen und den anderen Behälter umgekehrt aufkleben.

3. Schelle:
Mit Hammer und Nagel in jeden Kronkorken ein Loch bohren. Nach der „Draht + Kerze"-Methode (siehe Seite 12) fünf Löcher am Rand des Plastikdeckels bohren. Die Fäden durch die Löcher im Deckel und in den Kronkorken ziehen und verknoten.

DER EINFÜHLSAME WÜRFEL

Mit diesem Spielzeug lernen Kinder, ihre Gefühle auszudrücken und im Zusammenhang mit unterschiedlichen Situationen zu benennen. Sie können offen ihre Empfindungen aussprechen, wann sie glücklich, traurig, wütend, überrascht, ängstlich oder begeistert waren. Vor allem Kinder, die sich damit schwertun, lernen dies auf spielerische Weise.

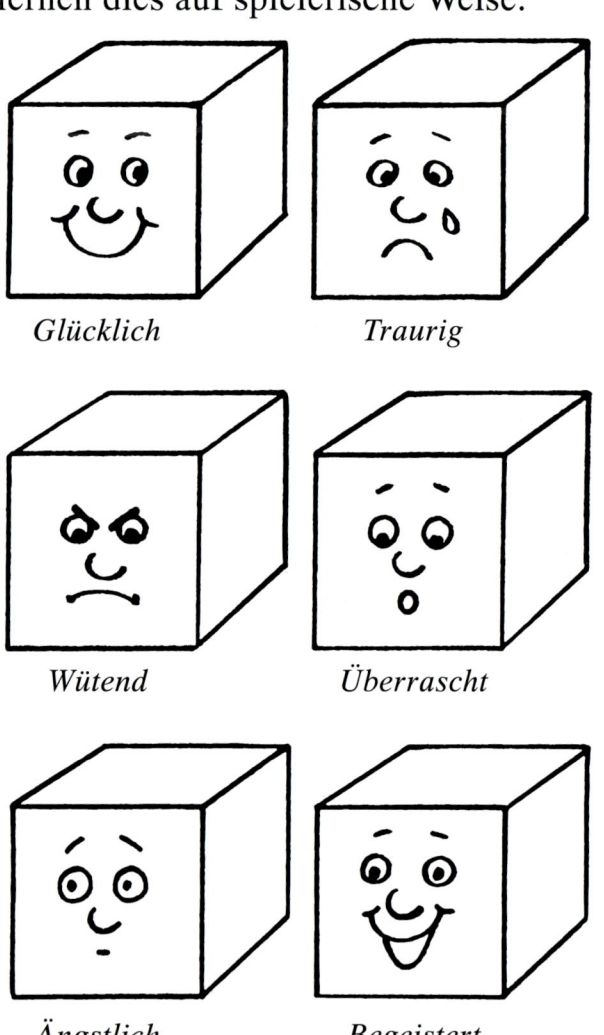

Glücklich *Traurig*

Wütend *Überrascht*

Ängstlich *Begeistert*

Verwendetes Material:
★ 1 Schachtel in Würfelform oder eine rechteckige Schachtel, die auf Würfelform gekürzt wird
★ alte Zeitung, Styropor o. ä. (Füllung)
★ Papier (zum Bekleben)

Sonstiges:
★ Klebeband
★ Farbstift

Bastelschritte:
1. Den Würfel mit Zeitung o. ä. füllen. Die Kanten mit Klebeband zukleben.
2. Den Würfel mit Papier umwickeln und bekleben.
3. Gesichter mit verschiedenen Ausdrücken auf die sechs Seiten malen. Die Zeichnungen können als Muster verwendet werden.

Spielregeln:
Jedes Kind würfelt abwechselnd. Je nachdem, welcher Gesichtsausdruck gewürfelt wird, beschreibt das Kind eine Situation, in der es sich schon einmal so gefühlt hat oder es sich vorstellen kann, sich entsprechend zu fühlen. Es gibt natürlich keinen Gewinner oder Verlierer!

TIERE

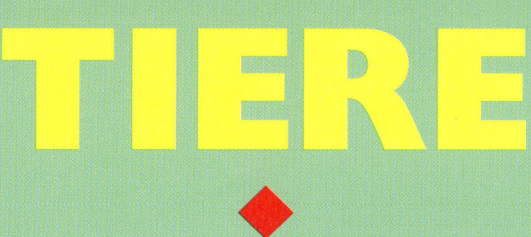

Elefantenmaske

Vogelmaske

Eierkartonraupe

Riesenwurm

Krokodilpuppe

Schmetterling

Sparschwein

Hund

Giraffe

Frosch

Pfau

ELEFANTENMASKE

Diese Maske und die Vogelmaske auf der nächsten Seite sind beide aus ein- und derselben Plastikflasche gebastelt. Daher nach dem Basteln dieser Elefantenmaske den Rest der Flasche nicht wegwerfen!

Verwendetes Material:
★ 1 großes Plastikflasche (Gesicht)
★ ein oder zwei größere Stücke Pappe (Ohren)

Sonstiges:
★ Schere
★ Kleber oder Papierhefter
★ Farbstift

Bastelschritte:

1. Der Griff der Plastikflasche ist der Rüssel des Elefanten. Den unteren Teil der Flasche mit dem Henkel ausschneiden (siehe Abbildung).

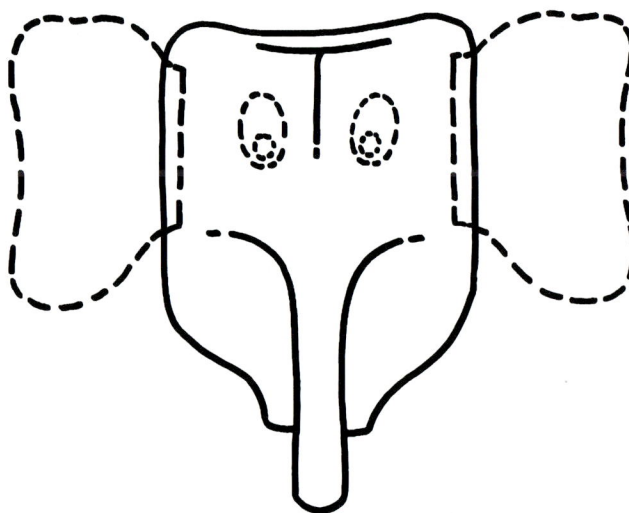

2. Aus Pappe große Ohren ausschneiden und an das Gesicht kleben oder heften.

3. Die Löcher für die Augen ausschneiden und Gesichtszüge aufmalen. Falls gewünscht, können Stoßzähne aus Papier ausgeschnitten und aufgeklebt werden.

50

VOGELMASKE

Der übriggebliebene Teil der Plastikflasche nach dem Basteln der Elefantenmaske kann verwendet werden, um
diese Vogelmaske zu basteln.

Verwendetes Material:

★ 1 große Plastikflasche (Reste vom
  Elefanten)
★ Papier- und Pappreste (Augenbrauen,
  Wangen, Schnabel)
★ Fäden (Federn)

Sonstiges:

★ Farbe
★ evtl. klarer
  Lackspray
  (damit die
  Farbe nicht
  abblättert)
★ Kleber
★ Schere

Abb. 1

Bastelschritte:

1. Zwei Seiten der Flasche ausschneiden. Die stehengebliebene Ecke der
Flasche ist die Mitte des Vogelgesichtes
(siehe Abbildung 1). Die Gießöffnung
der Flasche ist der Hals der Maske.

2. Die Maske entweder mit Ölfarbe
anmalen oder mit normaler Farbe, die
dann mit Lackspray fixiert wird.

3. Aus Pappe den
Schnabel ausschneiden
(siehe Abbildung 2)
und mit den Klappen
in das Gesicht kleben.
Wangen und Augen-
wimpern aufkleben.

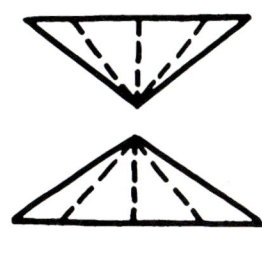

Schnabelteile

Abb. 2

4. Einige Fäden können mit Kleber
versteift und dann als Kopffedern an-
geklebt werden. Zum Schluß kleine
Löcher in die Vogelaugen schneiden,
damit das Kind hindurchschauen kann.

EIERKARTONRAUPE

Verwendetes Material:

★ 1 Eierkarton (Körper)
★ 2 Zahnstocher (Fühler)
★ farbiges Papier (Gesicht)
★ 2 Stückchen Papier oder Schaum-
    stoff (Fühlerspitzen)

Sonstiges:

★ Schere
★ Kleber

Bastelschritte:

1. Den Eierkarton längs durchschneiden.

2. Die Fühlerspitzen an die Fühler kleben und die Fühler in ein Ende des Eierkartons stechen und festkleben.

3. Der Eierkartonraupe ein lustiges Gesicht geben.

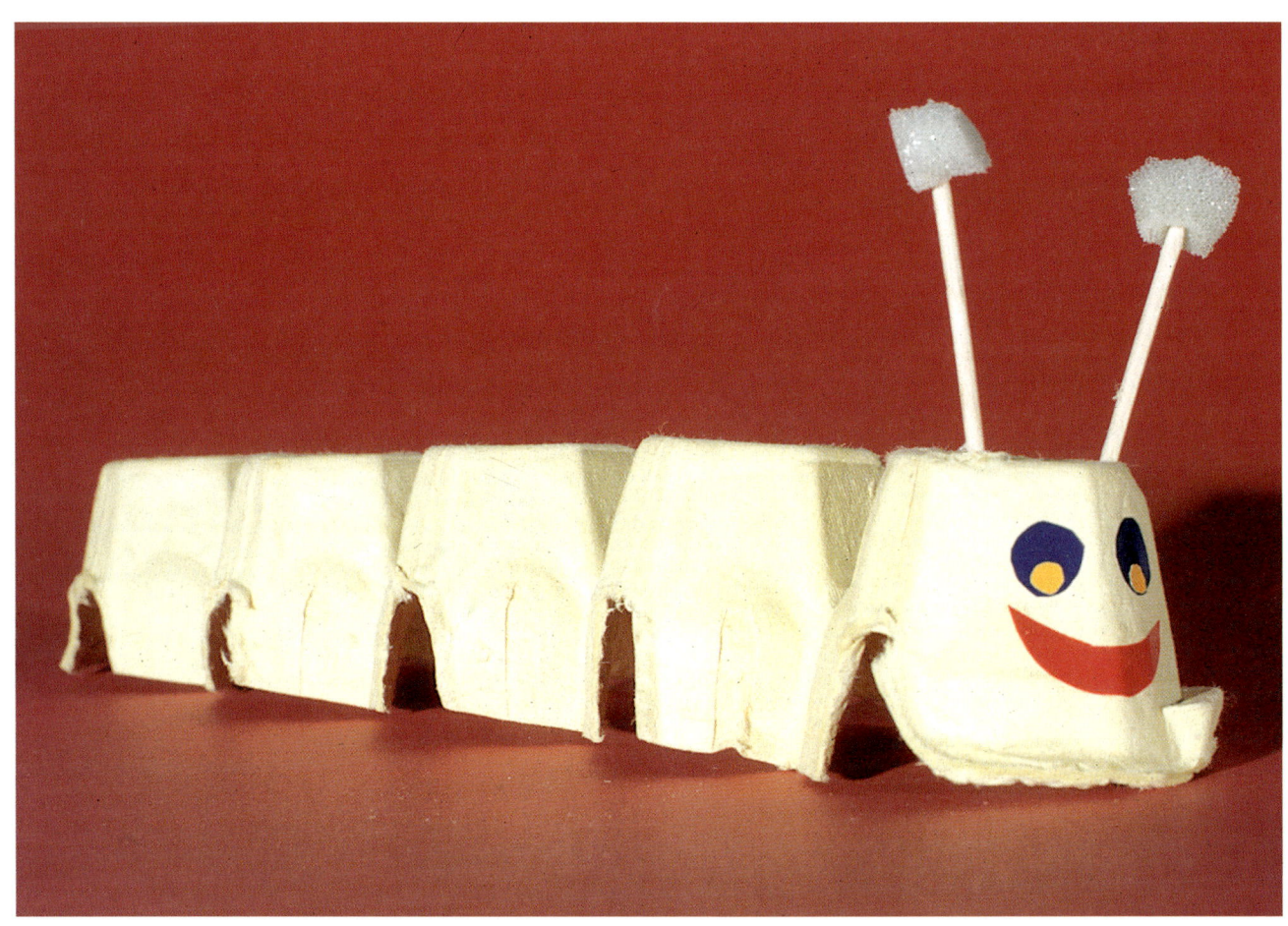

RIESENWURM

Verwendetes Material:

★ 12 Ringe, aus Papprollen ausgeschnitten (Körper)
★ 1/2 Plastikei von einem Über-
raschungsei – irgendein ähnliches
Teil aus Plastik oder Pappe erfüllt
denselben Zweck, z. B. ein Ausschnitt aus einem Eierkarton (Hut)
★ Papierreste

Sonstiges:

★ Schere
★ Kleber

Bastelschritte:

1. Die Ringe zusammenkleben wie auf
dem Foto ersichtlich.

2. Zwei Kreise mit dem Durchmesser
der Ringe aus Papier ausschneiden. Auf
jeden Kreis ein Wurmgesicht malen
und an die Seiten des ersten Ringes kleben.

3. Zum Schluß einen Hut aus Papier
und dem Plastikei basteln und den Hut
auf den Kopf kleben.

Der Wurm nickt immer mit dem Kopf,
wenn man seinen Rücken mit leichtem
Druck antippt.

KROKODILPUPPE

Verwendetes Material:

★ 2 Frischkäsebehälter o. ä. – der Behälter muß nicht aus Plastik sein. Eine rechteckige Schachtel aus Pappe wäre leichter zu schneiden (Kopf des Krokodils)

★ Knöpfe (Augen und Nasenlöcher)

★ Zahnstocher oder kleine Stücke Holz (Zähne)

★ Pappreste

★ Schaumstoff, Korken o. ä. (Augen)

Sonstiges:

★ Kleber

★ Schere

Bastelschritte:

1. Von jedem Behälter eine der schmalen Seiten ausschneiden. Dies wird die Öffnung für die Hand. Am offenen Ende zwei Streifen Pappe in den Behälter kleben, wo die Hand hingreifen kann.

2. Die beiden Behälter als Ober- und Unterkiefer des Krokodiles mit einem Stück Pappe als Kiefergelenk zusammenkleben.

3. Der Rest ist einfach. Dem Krokodil Augen, Nasenlöcher und Zähne geben, damit es etwas wilder ausschaut.

Dieses Krokodil kann kleinere Objekte „verschlucken", die in Wirklichkeit hinten an der Öffnung für die Hand hinausfallen.

Man kann auch Ober- und Unterkiefer des Krokodils so zusammenfügen, daß die geschlossenen Böden der Frischkäsebehälter aufeinanderliegen. Dann kann das Krokodil zwar keine Gegenstände mehr „fressen", aber es macht gefährlich viel Lärm, wenn Ober- und Unterkiefer zusammenschlagen.

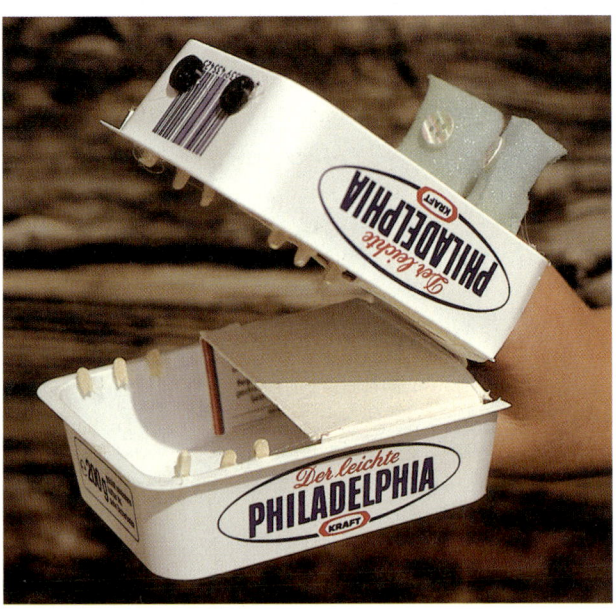

SCHMETTERLING

Verwendetes Material:

★ 1 großes Stück Pappe
 (Schmetterling)
★ Draht (Antenne)

Sonstiges:

★ Farbe oder farbiges Papier
 (zum Schmücken)
★ Kleber
★ Schere

Bastelschritte:

1. Aus der Pappe einen Schmetterling ausschneiden. Beim Aufzeichnen der Form auf die Pappe darauf achten, daß der Schmetterling in der Mitte doppelt liegt und gefaltet wird, so daß das Kind ihn später festhalten kann (s. Abb. 1) Der Schmetterling wird dann so gefaltet, wie in der Zeichnung zu sehen ist.

2. Den gefalteten Mittelteil des Schmetterlings zusammenkleben, und dann den Schmetterling wie gewünscht bemalen oder bekleben (s. Abb. 2)

3. Eine Antenne aus Draht oder Papier basteln und am Schmetterling befestigen.

Das Kind hält mit der Hand den Schmetterling von unten fest und bewegt den Arm auf und ab. Dabei flattert der Schmetterling mit seinen Flügeln.

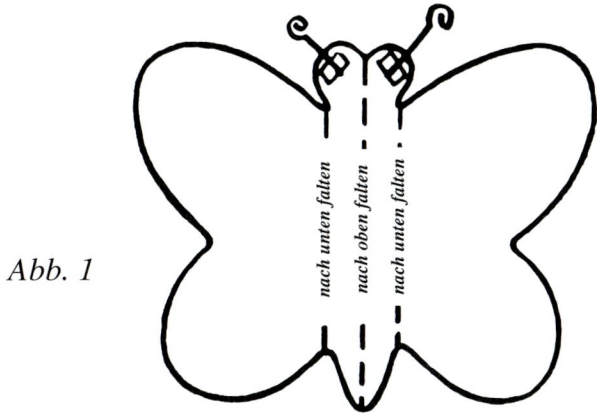

Abb. 1

Abb. 2

55

SPARSCHWEIN

Verwendetes Material:

★ 1 große Plastikflasche von einem Waschmittel, Weichspüler o.ä. (Körper)

★ 5 Korken (Beine und Augen)

★ Draht und/oder Pfeifenreiniger (Schwanz und Augenbrauen)

★ farbige Papierreste (Schnauze, Ohren und Dekoration)

Sonstiges:

★ Scharfes Messer

★ Schere

★ Kleber

★ Farbe

Bastelschritte:

1. Mit einem scharfen Messer vier Löcher für die Beine schneiden. Der Griff der Flasche muß nach oben zeigen. Die Beinlöcher sollten groß genug sein, daß die Beine (Korken) gerade hineinpassen, damit das Schwein gut stehen kann. Dann die Korken in die Löcher kleben.

2. Der fünfte Korken kann unter den Griff als Augen geschoben werden (siehe Foto). Je nach Größe der Öffnung unterhalb des Griffes muß er noch geklebt werden oder nicht. Kleine Drahtstückchen werden als Augenbrauen in den Korken gesteckt.

3. Gemäß der Abbildung zwei Ohren aus rosafarbenem Papier ausschneiden und falten wie angegeben. Zwei Schlitze für die Ohren in den Kopf schneiden und die Ohren hineinstecken und festkleben.

4. Für das Geld einen Schlitz in den Rücken des Sparschweins schneiden.

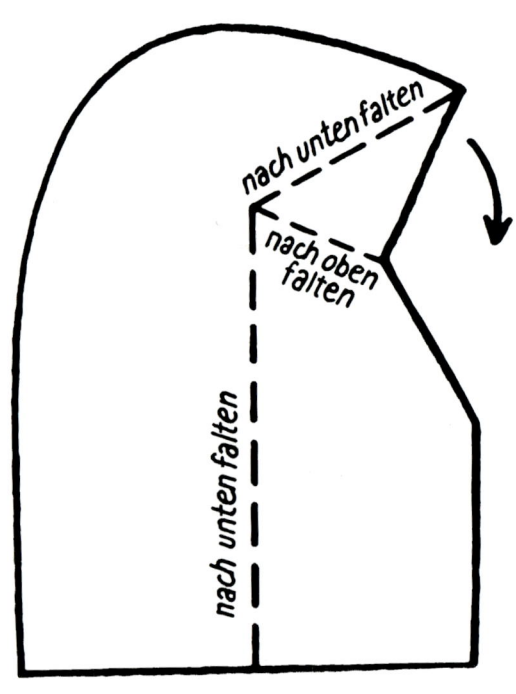

nach unten falten

nach oben falten

nach unten falten

5. Aus Draht oder Pfeifenreiniger ein Ringelschwänzchen drehen, in den Flaschenboden hineindrücken und festkleben.

6. Zum Schluß das Sparschwein mit Farbe oder Papierresten dekorieren. Wir haben die Augen und Füße angemalt, Blumen aus Papierresten ausgeschnitten und aufgeklebt und für die Nasenlöcher und Schnauze farbigen Klebestreifen benutzt.

Je nach früherem Inhalt der Flasche kann es sich um ein sehr wohlriechendes Schweinchen handeln.

Kleineren Kindern fällt
es leichter, dieses
Sparschwein
zu basteln.

Verwendetes Material:

★ 1 Rosinendose (Körper)
★ 5 Korken (vier Korken für die
    Beine, je ein halber Korken für die
    Augen)
★ ein Stück Draht (Ringelschwanz)
★ eine Toilettenpapierrolle (Nase)
★ Papierreste (Nase)

Sonstiges:

★ Schere
★ Kleber

Bastelschritte:

1. In die Seitenwand der Rosinendose
einen Schlitz für das Geld schneiden.

2. Die Beine ankleben. Das Ringelschwänzchen aus Draht drehen, durch
die Unterseite der Dose stecken und
evtl. festkleben.

3. Augen und Nase ankleben.

HUND

Verwendetes Material:

- ★ 1 Toilettenpapierrolle (Körper)
- ★ 4 Korken (Beine)
- ★ ein halbes Plastiküberraschungsei oder ein Flaschendeckel (Schnauze)
- ★ Papp- oder Papierreste (Gesicht)

Sonstiges:

- ★ Schere
- ★ Messer
- ★ Kleber

Bastelschritte:

1. Die Toilettenpapierrolle für den Körper etwas zurechtdrücken (siehe Abbildung).

2. Mit Papierresten die beiden Öffnungen der Toilettenpapierrolle abkleben. Auf ein Ende dann die Schnauze mit dem Gesicht kleben, an das andere Ende einen Faden als Schwanz.

3. Die vier Korken als Beine ankleben.

GIRAFFE

Verwendetes Material:

★ 1 Toilettenpapierrolle (Körper)

★ eine längere dünnere Papprolle, z. B. Faxrolle (Hals)

★ 2 Korken (einer für den Kopf, einer für die Hufe)

★ 4 Eisstiele (Beine)

★ gelber Faden (Mähne und Schwanz)

★ ein Zahnstocher, der in zwei Teile geschnitten ist (Hörner)

★ 2 Holzperlen oder Pappreste (Hörner)

Sonstiges:

★ Kleber

★ Schere

★ braune, schwarze und weiße Farbe

★ scharfes Messer

Bastelschritte:

1. Zunächst die Toilettenpapierrolle für den Körper leicht zusammendrücken und in die richtige Form bringen (siehe Abbildung). Ein Ende des Körpers etwas schräg anschneiden, damit der Hals besser angebracht werden kann. Dann die Papprolle für den Hals ankleben.

2. Ebenfalls die Halsrolle oben etwas schräg anschneiden, damit der Kopf beser in den Hals paßt. Falls gewünscht, den Korken etwas in Schnauzenform zurechtschneiden und ankleben.

3. Aus dem Zahnstocher und den Holzperlen Hörner basteln und diese in den Kopf stechen. Augen, Ohren und Nase aus Pappresten aufkleben.

4. Die Eisstiele als Beine an den Körper kleben. Den anderen Korken mit einem scharfen Messer in vier Teile schneiden. In jeden Korken einen Schlitz schneiden, der groß genug für einen Eisstiel ist. Die Eisstile in die Korkenstücke stecken und festkleben.

Kleber völlig getrocknet ist, den gelben Faden im offenen Ende des „V" aufschneiden. Die beiden Seiten des „V" zusammenkleben. Jetzt ist die Mähne fertig und kann an den Hals geklebt werden. Sie kann hinterher noch etwas zurechtgestutzt werden.

Jetzt braucht die Giraffe nur noch angemalt werden.

5. Ein Stück Faden als Schwanz ankleben.

6. Mähne: Ein Stück Pappe in der Länge des Giraffenhalses und ca. 2 cm breit der Länge nach falten. Dann gelben Faden solange um diese V-Form aus Pappe wickeln, bis keine Pappe mehr zu sehen ist.

7. Einen ca. 1 cm breiten Papierstreifen von der gleichen Länge hinlegen und mit Kleber dick bedecken. Den Pappstreifen mit dem gelben Faden mit der Unterkante auf den Kleber setzen. Wenn der

FROSCH

Verwendetes Material:

★ 2 kleine Aluminiumteller (Kopf)
★ Pappreste (Körper und Beine)
★ farbiges Klebeband (Maul und Augen und zum Abdecken scharfer Kanten)

Sonstiges:

★ grüne und weiße Farbe oder Farbstifte
★ Schere
★ Nadel und Faden
★ Filzstift

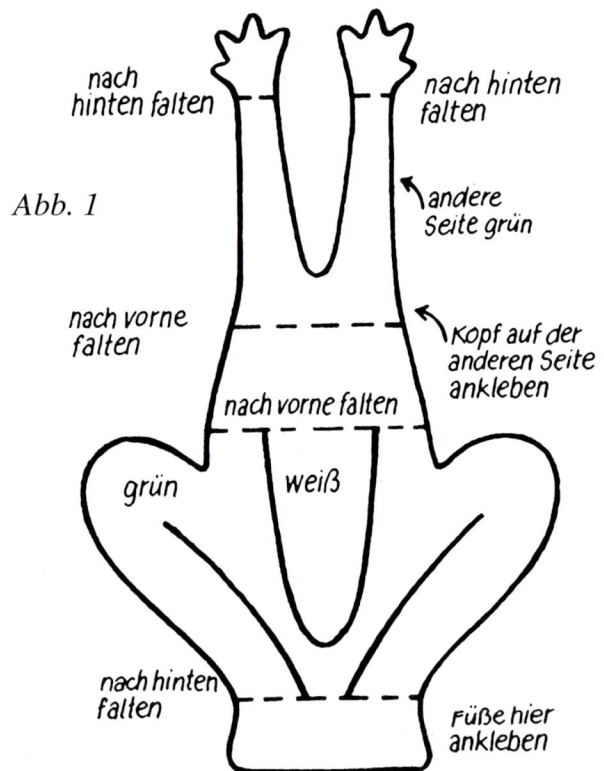

Abb. 1

nach hinten falten

nach hinten falten

andere Seite grün

nach vorne falten

Kopf auf der anderen Seite ankleben

nach vorne falten

grün   weiß

nach hinten falten

Füße hier ankleben

Vorbereitung:

Die beiden Aluminiumteller mit einem Stich an der Kante zusammennähen. Auf der Rückseite (wo die Teller zusammengenäht sind) Löcher für die Finger und den Daumen einschneiden. Die beiden Löcher für die Finger in den oberen Teller und das Loch für den Daumen in den unteren Teller schneiden. Die scharfen Kanten mit Klebeband abkleben. Jetzt kann der Frosch auch als Handpuppe benutzt werden.

Für die Form des Froschkörpers kann die Zeichnung kopiert oder eine eigene Form auf Pappe gemalt und ausgeschnitten werden.

Bastelschritte:

1. Augen und Froschmaul aus farbigem Klebeband oder bemaltem Papier ausschneiden und aufkleben.

2. Den Froschkörper und die Füße wie in den Abbildungen angegeben bemalen. Den Körper wie in Abbildung 1 beschrieben falten.

Abb. 2

hier an den
Körper kleben

grün

3. Kopf und Füße an den Körper kleben. Mit einem Filzstift können zum Schluß die Beinlinien auf den Körper gemalt werden.

Verwendetes Material:

★ 1 Korken (Körper)
★ Stücke eines anderen Korkens (Füße)
★ 2 Zahnstocher (Beine)
★ 1 Stück Strohhalm (Hals)
★ geriffelte Verpackungspappe oder Papier, das zu einem Fächer gefaltet wurde (Federn)
★ ein Stück braune Pappe (Kopf)
★ etwas blauer Faden (Kopffedern)

Sonstiges:

★ Schere
★ Kleber

Bastelschritte:

1. Den unteren Rand der geriffelten Pappe um ein Ende des Korkens legen, so daß die Pappe wie ein Fächer absteht. Den Federfächer festkleben, indem von hinten ein Stück Pappe gegen das Korkenende mit dem Fächer geklebt wird.

2. Die zwei Zahnstocher als Beine in den Korken stechen und am anderen Ende zwei Korkenstückchen als Füße aufspießen.

3. Im Körper eine kleine Ecke ausschneiden und dort den Hals einkleben.

4. Schlitze in das andere Ende des Strohhalms schneiden und den Kopf hineinschieben. Kopffedern, Augen und Schnabel anbringen.

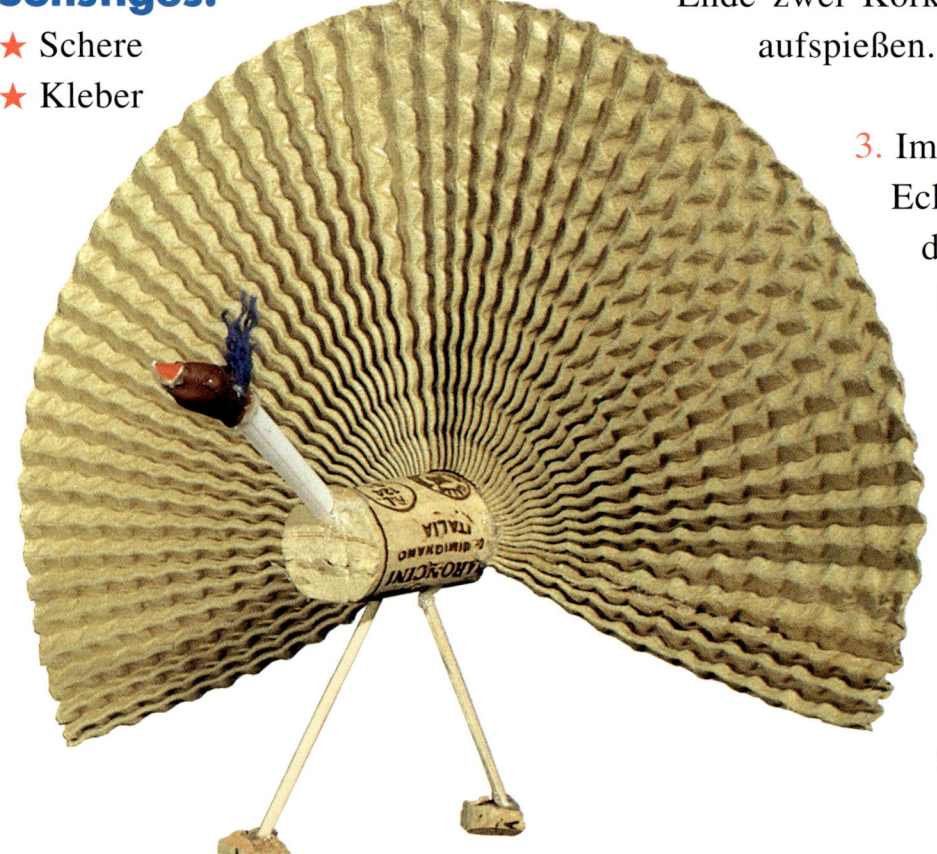

SPIELE

◆

GESCHICKLICHKEITSSPIELE

Murmelspiel 1

Murmelspiel 2

Bootsrennen

Froschhüpfen

Verwendetes Material:

★ viele Papprollen (Murmeltunnel)

★ Pappstücke (Unterlage für
die Tunnelstützen)

Sonstiges:

★ Klebeband

★ Murmeln

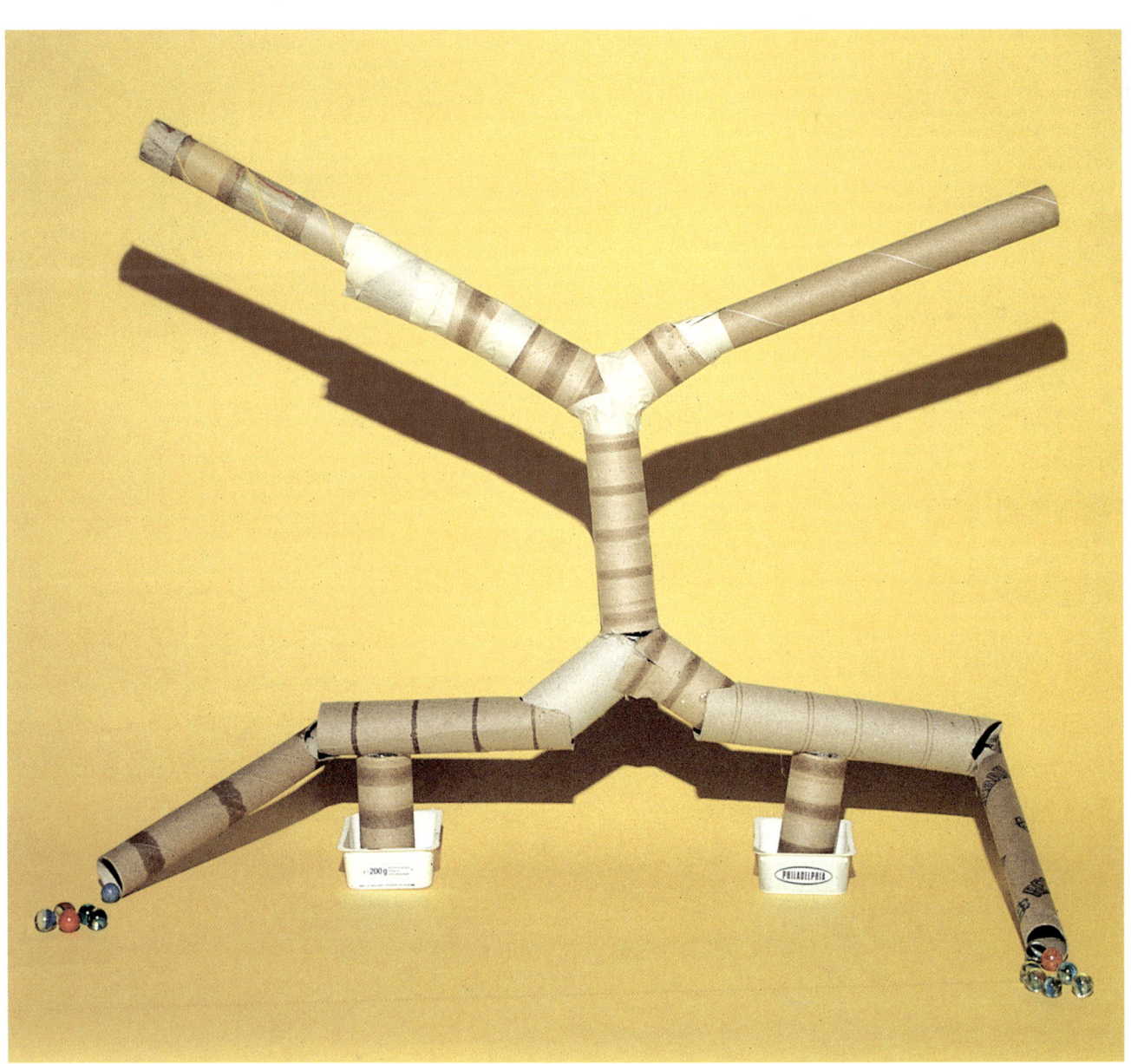

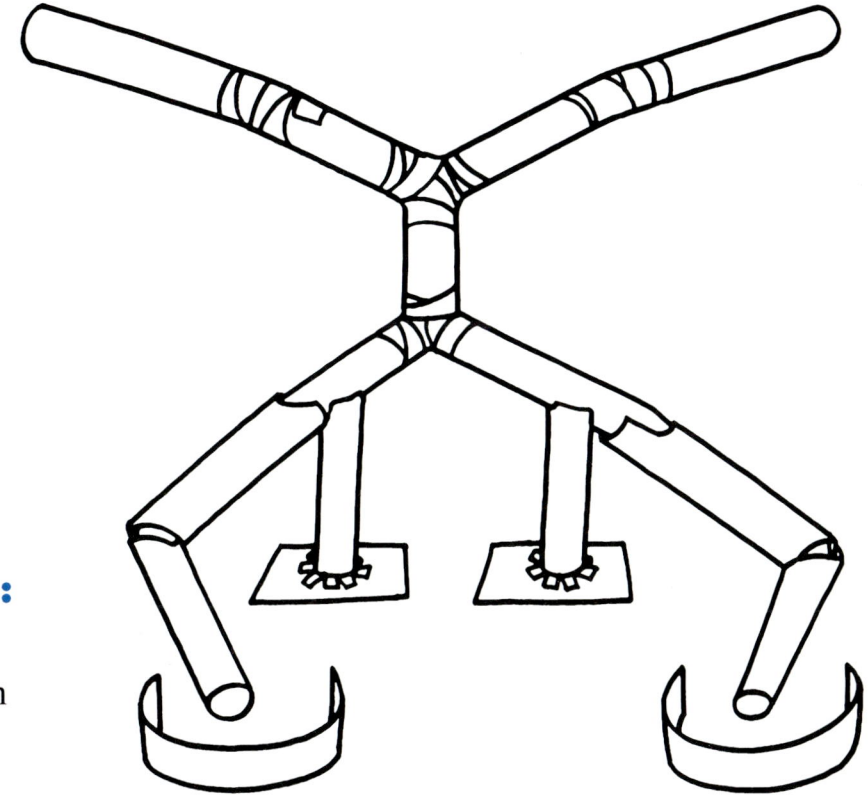

Bastelschritte:

1. Viele Papprollen mit Klebeband zusammenkleben, sodaß sie in V-Form zusammenlaufen. Eine weitere Rolle daruntersetzen und noch mehr Rollen in umgekehrter V-Form hinzufügen (siehe Abbildung).

2 Die Murmeltunnel mit Papprollen abstützen und die Stützen nach der „Schlitz + Klapp"-Methode (siehe Seite 12) auf zwei Pappstöcken festkleben. Aus Pappe zwei kleine Halbkreise formen und vor die Tunnelöffnungen stellen, damit die Murmeln nicht zu weit wegrollen.

Spielregeln:

Dieses Spiel geht am besten mit zwei Spielern. Jeder Spieler erhält eine gleiche Anzahl von Murmeln. Abwechselnd lassen die Spieler eine Murmel in die ihnen zugeteilte Tunnelöffnung fallen. Bei diesem Spiel ist nicht vorhersehbar, aus welcher Öffnung die Murmel unten wieder herauskommt. Es hat der Spieler gewonnen, auf dessen Seite am Ende des Spiels die meisten Murmeln gelandet sind.

Dieses Spiel ist für den etwas fortgeschrittenen Bastler gedacht.

Verwendetes Material:

★ 1 großes Stück Pappe (Rückwand)

★ 1 großes Stück Pappe, diagonal durchgeschnitten (Seitenteile)

★ verschiedene kleine Schachteln (Seitenstützen)

★ 1 stabile rechteckige Kiste (Basis)

★ 1 großes Stück Styropor (um die Murmel am Ende aufzufangen)

★ 5 Plastikflaschen (Trichter für die Murmelbahnen)

★ Papprollen (Rampen der Murmelbahn)

Sonstiges:

★ Schere

★ Kleber

★ Klebeband

Bastelschritte:

1. In den Boden der Kiste fünf Löcher schneiden, in welche die Öffnungen der Plastikflaschen passen. Die Löcher sollten so verteilt sein, daß kein Loch direkt vor dem anderen ist, damit sich später die Plastikflaschen nicht gegenseitig verdecken. Danach die Kiste umdrehen.

2. Von unten fünf Murmelrampen aus Papprollen basteln, die ca. 5 cm hinter jedem Loch befestigt werden. Die Flaschen, die später von oben in die Löcher gesteckt werden, benötigen etwas zusätzlichen Platz, und daher müssen die Rampen etwas über die Löcher hinausgehen (siehe Abbildung). Die Rampen führen dann vorne aus der Kiste hinaus. Dafür muß vorne in die Box eine entsprechend große Öffnung geschnitten werden. Mit den Murmeln ausprobieren, ob alle fünf Rampen wirklich gut funktionieren. Die Papprollen entsprechend zurechtschneiden und kleben.

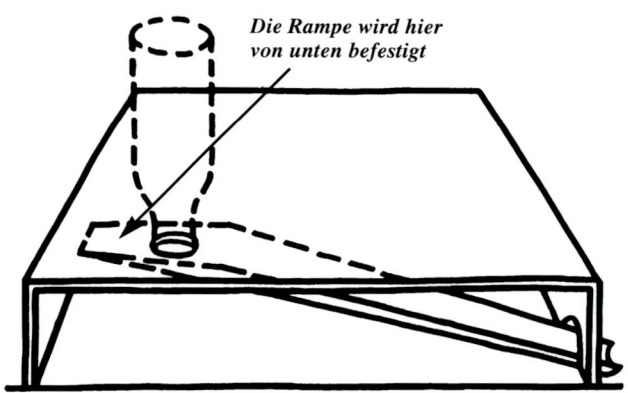

Die Rampe wird hier von unten befestigt

3. In das Styroporstück fünf Löcher schneiden, in welche die Rampen münden.

4. Die Böden der Plastikflaschen abschneiden, um Trichter zu erhalten. Die Gießöffnungen der Flaschen in die Löcher der Kiste stecken. Die Trichter der hinteren Reihe können mit Hilfe von Papprollen höhergestellt werden.

5. Die kleinen Schachteln werden in den Ecken aufeinander gestapelt, um daran die Rückwand und die Seitenwände festkleben zu können.

Spielregeln:

Die Kinder spielen mit diesem Spiel am liebsten einfach nur herum und freuen sich, wenn die Murmeln unten herausrollen. Man kann jedoch den verschiedenen Trichtern unterschiedliche Punktzahlen zuordnen. Die Kinder können dabei lernen, ihre eigenen Punktzahlen zusammenzuzählen.

BOOTSRENNEN

Verwendetes Material:

★ 1 Eierkarton für jedes Boot
★ 1 Stöckchen oder Strohalm für jedes Boot (Flaggenmast)
★ 1 langes Stück Faden (zum Ziehen der Boote)
★ je 1 Toilettenpapierrolle (Winde)
★ Pappreste und Papier (für die Winden und die Flaggen)

Sonstiges:

★ Kleber
★ Schere
★ Farbstifte

Bastelschritte:

1. Boot:
Den Deckel des Eierkartons abschneiden, nur der untere Teil wird benötigt. Aus Stöckchen und Papierresten eine Flagge basteln und an das hintere Ende des Eierkartons kleben. Ein Ende des Fadens an das vordere Ende des Kartons binden.

2. Winde:
Aus Pappresten zwei Kreise ausschneiden, deren Durchmesser etwas größer

ist als der Durchmesser der Toilettenpapierrolle. Die Toilettenpapierrolle auf die Kreise setzen und ihren Umfang auf die Kreise abzeichnen. Ein Loch in die Mitte jeden Pappkreises schneiden und von dort aus mehrere Schlitze bis zum aufgemalten Papprollenumfang schneiden (siehe Abbildung). Die so entstandenen Klappen nach außen klappen und die Pappkreise über die beiden Enden der Toilettenpapierrolle stülpen und festkleben. Jetzt haben die Kinder eine Seilwinde, bei der das Seil nicht abrutschen kann. Nun das andere Bandende vom Boot um die Winde binden und verknoten. Die Winde kann man an beiden Enden gut in den Händen halten und drehen. Dabei wird das Seil aufgewickelt und das Boot immer näher herangezogen.

Spielregeln:

Jedes Kind steht mit seinem Boot an einer Startlinie.

Die Seile sind ganz abgerollt und die Boote befinden sich in entsprechender Entfernung von den Kindern. Auf Kommando versuchen alle Kinder, das Boot zu sich heranzuziehen. Dabei gehen kleinere Kinder meistens automatisch ein paar Schritte zurück, weil sie glauben, daß sich dadurch ihr Boot schneller aufwickeln läßt. Dies geschieht in der Regel ohne Absicht. Bei Geburtstagspartys kann in jedes Boot ein kleiner Preis gelegt werden, den das Kind dann erhält, wenn es das Boot ganz zu sich herangezogen hat.

FROSCHHÜPFEN

Verwendetes Material:

★ 1 Milchtüte (daraus werden die drei Fächer des Froschbrunnens gemacht)

★ Karteikarten oder rechteckige Papierstücke von derselben Stärke und Größe wie Karteikarten (Frösche)

★ 1 Stück Pappe (Brunnenboden)

★ farbige Papierreste (Dekoration)

Sonstiges:

★ Schere

★ Kleber

Bastelschritte:

1. Froschbrunnen:
Den Boden und den oberen Teil der Milchtüte abschneiden. Die Milchtüte flachlegen und in drei gleiche Abschnitte schneiden. Diese drei rautenförmigen Abschnitte zu einem Sechseck zusammenkleben. Diese Sechseckform auf ein Stück Pappe übertragen, einen zusätzlichen Rand zum Kleben berücksichtigen und ausschneiden. Den Froschbrunnen auf die Pappe legen, die Ränder hochklappen und am Sechseck festkleben.

Aus verschiedenfarbigem Papier drei Rautenstücke in Größe der Milchtüten-rauten ausschneiden, und auch hierbei zusätzliche Ränder zum Kleben be-rücksichtigen. Die Papierstücke mit den Rändern in jedes Brunnenfach kleben. Farbiges Papier um die Außenwand des Brunnens kleben, ggbf. dekorieren oder bemalen.

2. Frosch:

Dies ist ein Frosch, der wirklich hüpfen kann.

Der Abbildung 1 folgend:

Ecke A auf Ecke C legen und falten. Wieder zurückklappen.

Ecke B auf Ecke D legen und falten. Wieder zurückklappen.

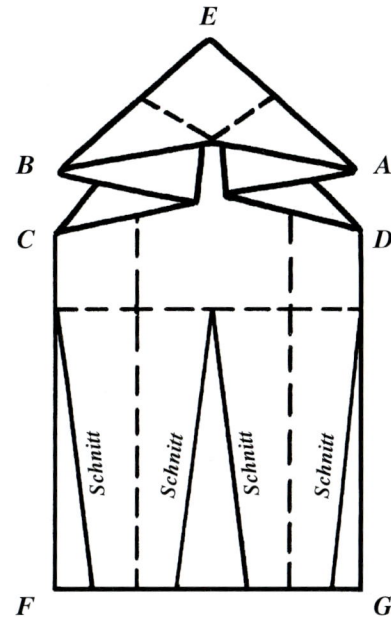

Abb. 2

Gemäß Abbildung 2 treffen sich die Seiten 1 und 2 in der Mitte und die Seite A/B wird auf C/D gelegt. Dabei entsteht die Spitze E.

Ecke A auf die Ecke E legen und falten.

Ecke B auf die Ecke E legen und falten (dies werden die Vorderbeine des Frosches).

Die Seite D/G zur Mitte biegen und falten.

Die Seite C/F zur Mitte biegen und falten.

Die untere Seite F/G zur Spitze E legen und falten. Dann wieder zurückfalten, um die Hinterbeine des Frosches zuschneiden zu können (siehe Zeichnung). Wieder falten. Dann die Hinter-

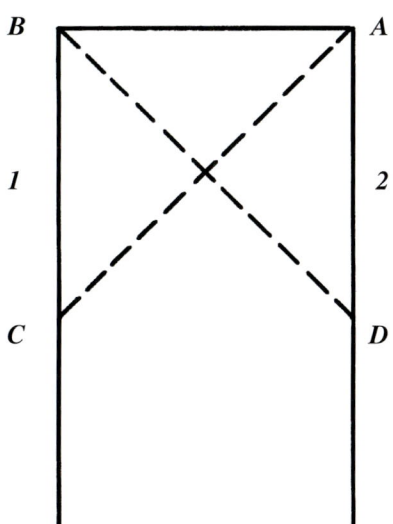

Abb. 1

beine in der Mitte falten und den Frosch umdrehen. Zum Schluß dem Frosch Augen malen. Mit dem Finger mit leichtem Druck über den Rücken des Frosches fahren und ihn in den Brunnen hüpfen lassen.

3. Sprungfeder:

Man kann sehr leicht auch eine Sprungfeder aus Papier basteln. Zwei Streifen von dickerem Papier, ca. 1 bis 1,5 cm Breite im 90° Winkel aufeinander legen. Die Enden zusammenkleben. Jetzt abwechselnd die Streifen übereinander falten. Wie beim Frosch den Finger mit leichtem Druck über die Feder gleiten lassen, damit sie springt (diese Sprungfeder wird auch als Arm des „Tütenmonster" verwendet).

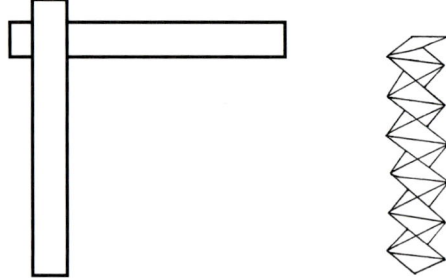

Spielregeln:

Jeder Spieler versucht abwechselnd, seinen Frosch oder seine Feder in den Brunnen hüpfen zu lassen. Den verschiedenen Farben in den einzelnen Fächern können unterschiedliche Punktzahlen zugeordnet werden.

Variation:

Der Froschbrunnen kann auch als Würfel benutzt werden. Die sechs Zahlen werden auf die Seiten des Sechsecks gemalt oder geklebt. Der Brunnen kann zum Würfeln wie ein Rad gerollt werden. Die gewürfelte Zahl ist diejenige, die beim Anhalten oben erscheint.

SPIELE

◆

BRETTSPIELE

Blumen pflücken

„Fühl' mich"

Die fünf Sinne

Memory

Fische fangen

BLUMEN PFLÜCKEN

Dieses Spiel wurde teilweise von einem fünf Jahre alten Kind erfunden.

Verwendetes Material:

★ viele Knöpfe oder kleine Blumen aus Pappe (Spielsteine)
★ 1 Toilettenpapierrolle (Blumentöpfe)
★ 3 größere Flaschendeckel (Blumentöpfe)
★ 1 großes quadratisches Stück Pappe (Spielbrett)

Vorbereitung:

Das Ziel dieses Spiels ist es, zu Hause zu starten und nach einem längeren Spaziergang mit möglichst vielen Blumen dort wieder anzukommen. Der Spazierweg ist ein Pfad aus verschiedenen Feldern, die mit Hilfe eines Würfels abgeschritten werden. Die Blumen werden aus drei Blumentöpfen aus unterschiedlicher Farbe „gepflückt", die in der Mitte des Spielbrettes stehen. Die Blumentöpfe sind einfach drei Flaschendeckel. Als Übertöpfe haben wir eine Toilettenpapierrolle in drei gleiche Teile geschnitten und sie nach der „Schlitz + Klapp"-Methode (siehe Seite 12) um die Deckel auf das Spielbrett geklebt. Vorher haben wir jedoch eine Ecke herausgeschnitten, damit sich die Flaschendeckel leichter anheben lassen. Die Flaschendeckel nicht festkleben. Jeden Übertopf in einer anderen Farbe bemalen (siehe Foto).

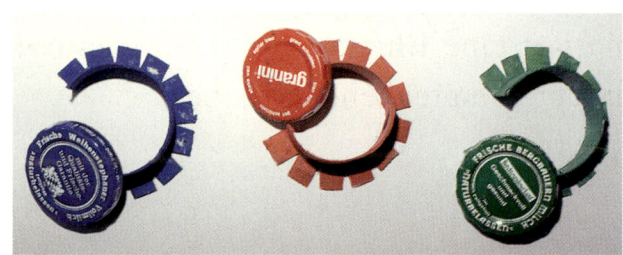

Bastelschritte und Spielregeln:

1. Zu Beginn des Spieles erhält jeder Spieler 20 Blumen (Knöpfe oder kleine Blumen die aus Pappe ausgeschnitten wurden). Zusätzlich werden in jeden Blumentopf 10 Blumen gelegt.

2. In eine Ecke des Spielbretts wird ein Haus gemalt, das gleichzeitig Start und Ziel ist.

3. Als Pfad werden viele verschiedene Felder aufgemalt, auf die abwechselnd ein lachendes Gesicht oder ein „X"

gemalt wird. Darüber hinaus die Felder abwechselnd mit den drei Farben der Übertöpfe bemalen. Wenn der Spieler auf einem Feld mit einem lachenden Gesicht landet, bekommt er eine Blume aus dem Blumentopf in derselben Farbe wie das Feld, auf dem er gelandet ist. Landet ein Spieler auf einem „X", verliert er eine Blume an den Blumentopf in der entsprechenden Farbe.

4. In unregelmäßigen Abständen, aber häufig, wird um die Felder eine gelbe Blüte gemalt. Wenn der Spieler auf einer dieser Blüten landet, und die Blüte hat ein lachendes Gesicht, dann darf der Spieler noch einmal würfeln und aus dem Blumentopf der entsprechenden Farbe die Anzahl der Blumen herausnehmen, die er gewürfelt hat. Andererseits muß er die gewürfelte

77

Zahl Blumen abgeben, wenn die Blüte mit einem „X" gekennzeichnet ist.

5. Wenn ein Spieler einen Blumentopf ganz ausgeleert hat, muß er noch einmal würfeln um festzustellen, wieviele Blumen wieder in den Topf gelegt werden müssen. Man kann vor Beginn des Spieles bestimmen, wer in diesem Fall Blumen an den leeren Topf abgeben muß. Entweder wird die gewürfelte Zahl unter den anderen Spielern aufgeteilt und jeder gibt eine gleiche Anzahl Blumen in den Topf, oder aber der Spieler, der den Topf geleert hat, darf bestimmen, welcher andere Spieler den Topf wieder auffüllen muß.

6. Auf halber Strecke des Spazierweges wird ein Blumengeschäft aufgemalt, an dem jeder Spieler haltmachen muß, egal welche Zahl er gewürfelt hat. Im Blumengeschäft darf der Spieler dann würfeln, um zu sehen, welchen ganzen Blumentopf er leeren darf. Dazu werden neben die Blumentöpfe die sechs Zahlen des Würfels geschrieben (siehe Foto), und der Spieler bekommt alle Blumen aus dem Topf, zu dem die Zahl

gehört, die er gerade gewürfelt hat. Danach muß dieser Blumentopf wie oben beschrieben wieder gefüllt werden.

7. Auf den Spazierpfad können ein oder zwei Brücken gemalt werden. Wenn ein Spieler am Fuß einer der Brücken landet, darf er eine Abkürzung über die Brücke nehmen. Ebenso können Umwege gelegt werden. Landet ein Spieler auf einem Feld mit einem Umleitungspfeil, muß er den entsprechenden Umweg nehmen.

8. Der Spieler, der als erster wieder zu Hause ankommt, bekommt sämtliche Blumen aus einem Topf auf dieselbe Art und Weise wie im Blumenladen. In diesem Fall jedoch muß dieser Topf hinterher nicht wieder aufgefüllt werden, da das Spiel nun zu Ende ist.
Wer jetzt die meisten Blumen hat, hat gewonnen.
Viel Spaß beim Blumenpflücken – mal schauen, wer die meisten Blumen für Oma, Opa oder Tommi pflückt, der gerade krank ist.

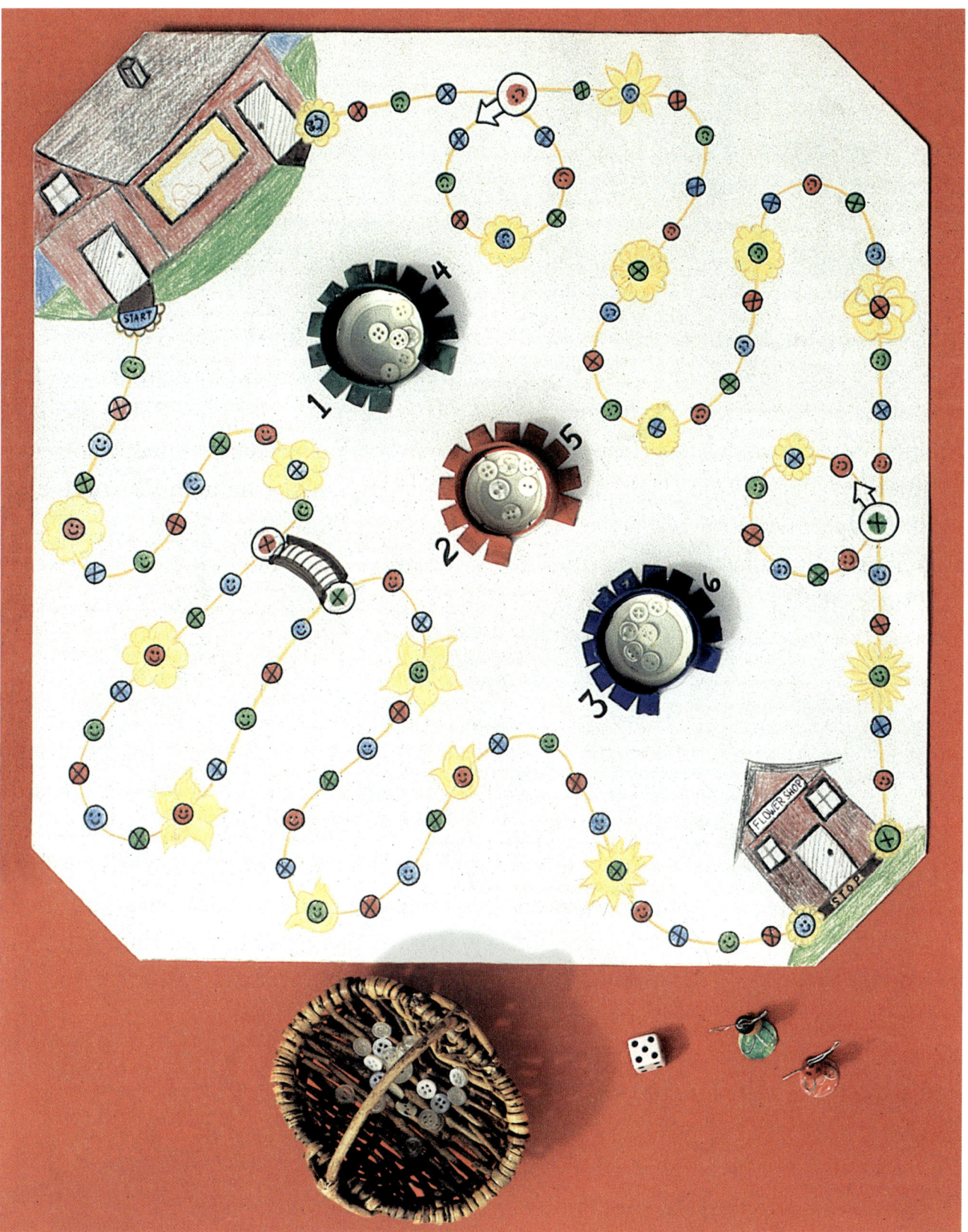

„FÜHL' MICH"

Verwendetes Material:

★ 1 großes Stück Pappe (Spielbrett) – wir haben die Innenseite einer ausgeklappten Cornflakes-Schachtel benutzt

★ 10 verschiedene Materialien mit unterschiedlichen Oberflächen (Spielteile), z.B. Schmirgelpapier, Samt, Baumwolle, Satin, Schaumstoff, Styropor, Plastik, Obstnetz, Holz etc.

★ 1 Stück Stoff, Gummi (Sack für die Gegenstände)

Sonstiges:

★ Schere
★ Kleber
★ und Faden

Bastelschritte:

1. Zehn Kreise auf das Spielbrett malen. In derselben Größe aus jedem Material einen Kreis ausschneiden und in zwei Hälften schneiden.

80

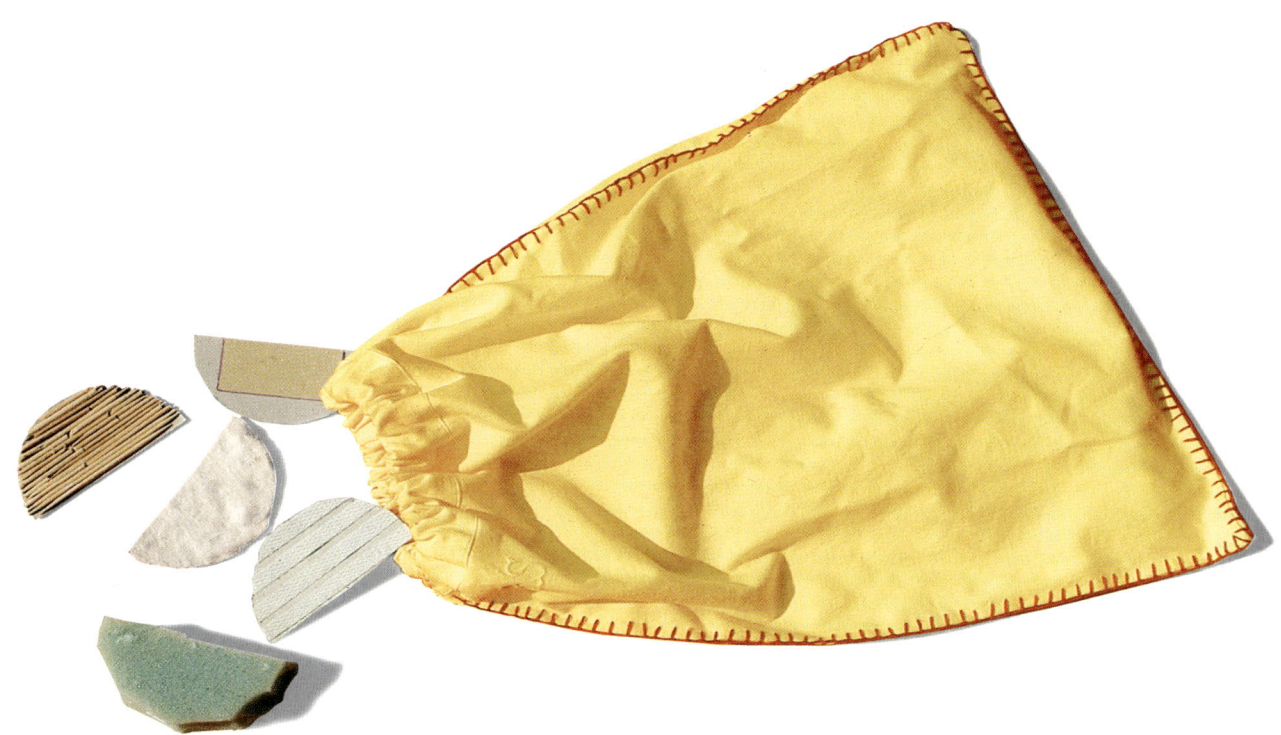

2. Die einen Hälften auf die Kreise des Spielbretts kleben und die anderen Hälften in eine Tüte, einen Eimer o. ä. geben. Wir haben aus einem alten Stück Stoff und Gummi einen Sack genäht.

Spielregeln:

Die Kinder (ein Kind allein spielt dieses Spiel aber auch sehr gerne) greifen abwechselnd in den Sack und halten ein Spielteil fest, ohne es herauszunehmen oder anzuschauen. Das Kind muß versuchen, nur durch Fühlen herauszufinden, wo das passende Gegenstück auf dem Spielbrett ist. Nach dem Raten darf das Spielteil herausgenommen und angeschaut werden. Wenn das Ergebnis richtig war, wird das Spielteil neben sein Gegenstück auf das Brett gelegt. War es falsch, kommt das Teil zurück in den Sack. Das Spiel ist zu Ende, wenn alle Teile richtig erkannt worden sind. Wer die meisten Treffer hatte, ist der Sieger.

DIE FÜNF SINNE

Mit diesem Spiel lernen Kinder spielerisch ihre fünf Sinne kennen.

Verwendetes Material:

★ 20 leere Filmdosen mit Deckeln (Behälter für verschiedene Gegenstände)

★ 2 Eierkartons (Behälter für die Filmdosen)

★ verschiedene Gegenstände für die Filmdosen

★ pro Spieler ein Spielbrett aus Pappe, z. B. die Vorder- und Rückseiten von Cornflakes-Packungen

★ verschiedene Münzen, Knöpfe oder runde Kreise aus Pappe (Spielmarken)

★ Als Gegenstände für die Filmdosen kommen in Betracht:
Styropor, Kieselsteine, Zucker, Salz, Zimt, ein Stück Samtstoff, Popcorn, rohe Nudeln, Korken, ein Stück Schaumstoff, Reis, Knöpfe, Holzperlen, Murmeln, Münzen, Wasser, Luft, Sand, Gras, Kastanien, rohe Erbsen, Kaffeebohnen, Gummibänder (aber nichts Giftiges!)

Es ist lediglich wichtig, daß für jeden der fünf Sinne (Sehen, Hören, Riechen, Schmecken, Fühlen) mindestens ein Gegenstand vorhanden ist. Einzelne Gegenstände können natürlich für mehr als nur einen der fünf Sinne erkennbar sein.

Bastelschritte:

1. Die zwei Eierkartons an den offenen Längsseiten so zusammenkleben, daß die Deckel außen sind und zugeklappt werden können, wenn das Spiel beendet ist.

2. Auf jedes Spielbrett ein Gesicht und zwei Hände malen. Auf die Gesichter müssen Augen, Nase, Mund und Ohren gemalt sein. Jeder Spieler kann sein eigenes Spielbrett malen oder Vorschläge aus diesem Buch kopieren.

3. In jede Filmdose einen anderen Gegenstand geben und mit dem Deckel verschließen.

4. Die Dosen in die Eierkartons stellen.

Die fünf Sinne

Spielregeln:

Jeder Spieler erhält ein Spielbrett mit Gesicht und Händen. Jeder Spieler muß versuchen, bis zum Ende des Spieles alle 5 Sinne zum Erkennen der einzelnen Gegenstände zu benutzen.

Hat ein Spieler einen Doseninhalt z. B. durch Rütteln am Geräusch erkannt, so darf er eine Spielmarke auf ein Ohr seines Spielbrettes legen. Es hat derjenige Spieler am Ende gewonnen, der als erster beide Hände, beide Ohren, beide Augen, die Nase und den Mund mit Spielmarken versehen hat.

Die Spieler kommen abwechselnd an die Reihe. Bevor ein Spieler eine Filmdose auswählt, kann er entscheiden, welchen der fünf Sinne er zum Erkennen einsetzen möchte. Wenn er den Gegenstand nicht richtig erkennt, darf er einen anderen Sinn einsetzen, bis er den Gegenstand richtig identifiziert hat. Er bekommt jedoch nur für den Sinn eine Spielmarke, mit dem richtig erraten wurde. Natürlich versuchen die Spieler nur die Sinne einzusetzen, auf denen die noch keine Spielmarken haben.

Dieses Spiel braucht jedoch nicht unbedingt einen Gewinner. Den Kindern macht es auch so Spaß, ihre 5 Sinne einzusetzen und darüber zu lernen. Die Gegenstände in den Filmdosen können jederzeit durch andere ausgetauscht werden, um das Spiel ständig neu und interessant zu halten.

MEMORY

Ein großes Stück fester Pappe wird in viele kleine quadratische Teile geschnitten (je etwa 6 x 6 cm). Die Teile müßen alle genau gleich groß sein. Alternativ kann man viele identische Plastikdeckel o. ä. sammeln. Dies sind dann die Memory-Karten.

Auf die Rückseiten dieser Memory-Karten werden Aufkleber, Ausschnitte alter Fotos oder Bilder geklebt, die aus Zeitschriften, Rosinendosen, Cornflakes-Packungen oder anderen Lebensmittelverpackungen ausgeschnitten und gesammelt wurden. Es ist nur wichtig, daß immer zwei gleiche Bilder vorhanden sind. Es können beliebig viele Paare gebildet werden. Man kann immer mehr Paare dazubasteln, je älter die Kinder werden.

FISCHE FANGEN

Dies ist ein Spiel für zwei Personen. Die Strategie ist im wesentlichen die gleiche wie bei dem Spiel „Schiffe versenken", aber leichter zu spielen.

Verwendetes Material:

★ 2 Eierkartons (Spielbretter)

★ 2 Schaschlikspieße oder Strohhalme (um die Spielbretter geöffnet zu halten)

★ ca. 20 Knöpfe derselben Farbe (Spielmarken)

★ 6 Knöpfe einer anderen Farbe

★ 10 bis 20 Zahnstocher (für die Spielmarken)

★ 6 Pompons in unterschiedlichen Farben (Fische)

★ Papierreste (Augen, Maul und Flossen der Fische)

Sonstiges:

★ Filzstifte

★ Farbstifte oder Farbe (um Zahlen und Buchstaben auf die Spielbretter zu schreiben)

★ Kleber

Bastelschritte:

1. Spielmarken:

je einen halben Zahnstocher in ein Knopfloch stecken und festkleben.

2. Fische:

Flossen, Augen und Mund aus Papierschnipseln auf jeden Pompon kleben. Statt Pompons kann man sich natürlich eine andere Art Fisch ausdenken. Pompons werden gebastelt, indem man einen Faden um zwei Finger oder um ein Stück Pappe wickelt. Die Finger oder die Pappe dann entfernen und die Fäden in der Mitte fest zusammenbinden. Anschließend die Schlaufen offen schneiden und so zurechtstutzen, daß sie einen kleinen dichten Ball ergeben.

3. Spielbrett:

Zehn kleine Kreise aus Pappe ausschneiden – für jede Vertiefung in einem Eierkarton einen. Die Kreise mit einem Stift mit den Zahlen 1 bis 5 zweimal numerieren und in die Vertiefungen kleben. So erhält man zwei Reihen von jeweils 1 bis 5, die von links nach rechts numeriert sind.

86

Die Reihen werden A und B genannt. In die Innenseiten des Eierkartondeckels werden zehn Kreise gemalt, die genau den anderen Kreisen entsprechen. In jeden der Kreise im Deckel wird ein Loch gebohrt, um die Zahnstocher (Spielmarken) dort einstecken zu können.

Spielregeln:

Jeder Spieler bekommt ein Spielbrett, die Hälfte der Spielmarken und drei Spielmarken der anderen Farbe sowie drei Fische von derselben Farbe. Ein Schaschlikspieß oder Strohhalm kann verwendet werden, um den Deckel des Spielbretts offenzuhalten.

Jeder Spieler versteckt seine drei Fische irgendwo in den zehn Vertiefungen des Eierkartons. Die Spieler sitzen sich gegenüber, so daß sie sich nicht gegenseitig in ihr Spielbrett schauen lassen können. Die Spieler versuchen dann abwechselnd, die Fische des anderen durch Fragen zu finden. So fragt zum Beispiel ein Spieler den Gegenspieler:

„Hast du einen Fisch in Reihe B, Nummer 4?"

Wenn der Gegenspieler die Frage verneint, steckt der Spieler eine Spielmarke in seinen Deckel auf Position B4. Dies heißt für ihn, daß sein Gegenspieler dort keinen Fisch hat und er diese Posi-tion später nicht noch einmal abfragen muß. Wenn jedoch der Gegenspieler die Frage bejaht hat, muß er seinen Fisch abgeben, und der Spieler markiert dann mit einer der andersfarbigen Spielmar-ken diese Position. Dann ist der andere Spieler mit seiner nächsten Frage an der Reihe.

Das Spiel geht solange weiter, bis ein Spieler alle Fische seines Gegenspie-lers gefangen hat.

Abwandlung der Spielregeln:

Nachdem ein Fisch vom Gegenspieler gefangen wurde, darf er im eigenen Spielfeld wieder versteckt werden. Sollte der Gegenspieler seinen Fisch im späteren Verlauf des Spiels zurücker-obern, darf er ihn wiederum bei sich verstecken.

Dadurch dauert das Spiel natürlich län-ger. Gleichzeitig wird es etwas schwie-riger, den Ablauf des Spieles mit den Spielmarken richtig zu verfolgen. Die-ses Spiel endet auch, wenn ein Spieler alle Fische gefangen hat.

BAUWERKE

◆

Apartmenthaus mit Aufzug

Puppenhaus

Amerikanische Farm

City

Parkhaus mit Tankstelle

APARTMENTHAUS MIT AUFZUG

Verwendetes Material:

★ 1 große, stabile, rechteckige Kiste – wir haben eine Obstkiste aus festem Karton verwendet (Haus)

★ 1 kleine Schachtel, die genauso tief ist wie das Haus und hoch genug, um zu der Höhe der einzelnen Stockwerke zu passen (Aufzug)

★ Faden, der ca. 20 cm länger ist als die Höhe des Hause (Aufzugseil)

★ 2 Knöpfe o. ä. (Befestigung für das Aufzugseil)

★ Papp- oder Kartonreste (Zwischendecken und Seitenwände für die Stockwerke)

Sonstiges:

★ Schere
★ Kleber
★ dicke Nadel
★ farbiges Papier
★ Farbe

Bastelschritte:

1. Seitenwände der Apartments:
Zwei Streifen aus Pappe oder Karton passend für das Haus schneiden. An den Klebeseiten ca. 1 cm zusätzlich zuge-

ben zum Umklappen und Festkleben in der großen Kiste. Vor dem Einkleben drei Löcher für die Türen in jeden Streifen schneiden (siehe Abbildung 1). Dann die Seitenwände einkleben und den jeweiligen Abstand zu der Hauswand so wählen, daß in der Mitte ausreichend Platz für den Aufzug bleibt.

2. Deckentrennwände der Stockwerke:
Vier Stück Pappe oder Karton gemäß der dicken Linie in Abbidlung 2 aus-

90

schneiden. An den drei Klebeseiten werden zusätzliche Klappen zum Umknicken und Festkleben berücksichtigt. Die Deckentrennwände müssen so abgemessen sein, daß sie genau zwischen die Außen- und Innenwände des Hauses passen. Die Deckentrennwände direkt unter den Türöffnungen in den Innenwänden einkleben.

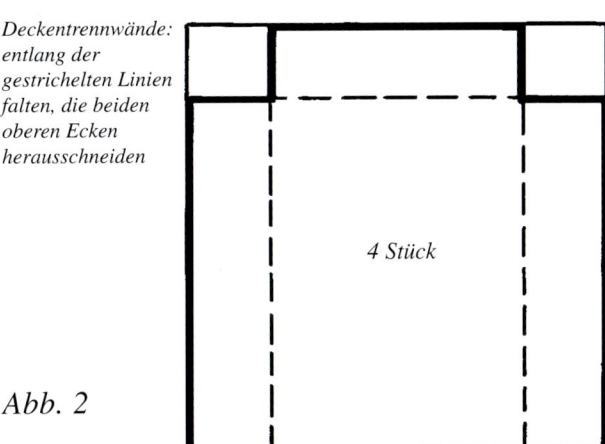

Deckentrennwände: entlang der gestrichelten Linien falten, die beiden oberen Ecken herausschneiden

4 Stück

Abb. 2

3. Aufzug:

Auf drei Seiten Löcher für die Türen in die Aufzugschachtel schneiden – zwei Seitentüren, die dann in die Türen der Apartments führen und eine Tür vorne zum Betreten des Aufzugs.

Abb. 1

4. Aufzugseil:

Einen Knopf an einem Ende des Fadens befestigen. Das andere Fadenende mit einer Nadel von innen durch die Decke des Aufzugs ziehen. Dann den Aufzug in das Haus stellen und die Nadel mit dem Faden durch das Hausdach fädeln. Anschließend am oberen Fadenende ebenfalls einen Knopf befestigen, damit der Faden nicht wieder zurückrutscht. Jetzt kann man den Aufzug mit Hilfe des Fadens nach oben und unten bewegen. Damit der Aufzug an den einzelnen Stockwerken auch anhalten kann, sollte an irgendeiner Dachkante des Hauses ein kleiner Schlitz eingekerbt werden, in den man dann den Faden einhaken kann.

Das Haus kann nach Belieben beklebt, bemalt und möbliert werden.

PUPPENHAUS

Es gibt mindestens so viele verschiedene Puppenhausliebhaber wie es Puppenhäuser gibt. Dieses Puppenhaus soll daher lediglich ein paar Ideen darüber vermitteln, welche Teile man für das eigene Puppenhaus verwenden kann. Von Barock bis Klassizismus, von Bauhaus bis Postmoderne – in einem Puppenhaus kann sich jeder Hobby-Architekt und Inneneinrichter austoben!

Verwendetes Material:

1. Das Haus:
★ 1 große Kiste
★ 1 Stück Papprolle (Schornstein)
★ 8 durchsichtige, rechteckige Deckel
   – wir haben die Klarsichtdeckel
   von Frischkäsebehältern benutzt
   (Fensterscheiben)
★ 1 großer Knopf, ein Stück Draht
   und eine Stück Schnur (Hausschloß)
★ Papier und Farbe zum Dekorieren

2. Innenaufteilung:
★ 1 großes Stück Pappe zur Stock-
   werktrennung. Beim Ausmessen
   eventuell zusätzliche Klappen zum
   Umklappen und Festkleben an den
   Wänden und an der Rückwand
   berücksichtigen

★ 3 Hauhaltpapierrollen, mit
   Geschenkpapierresten beklebt
   (Säulen im Erdgeschoß)
★ 1 Stück Pappe (Trennwand
   zwischen Schlaf-
   und Badezimmer
   im 1. Stock)

3. Puppen:

a. Frau:
★ 1 kleine Plastikflasche, mit Papier
   beklebt (Körper)
★ 1/2 Korken (Kopf)
★ 1 Flaschendeckel und eine Holzperle (Hut)
★ 2 kleine Holzperlen (Ohrringe)
★ 2 Knöpfe (Jackenknöpfe)
★ Draht (Arme)
★ farbiges Papier (Umhang)
★ 1 kleiner roter Plastikring von einem
   Flaschendrehverschluß (Gürtel)
★ 1 Stück geriffelte Verpackungspappe
   (Rock)
★ 1 Plastikverschlußklemme (Hand-
   tasche)
★ 1 alter Ohrring (Gegenstand in der
   anderen Hand)

b. Kinder:
★ 1 Eisstiel (Körper)
★ 1/2 Eisstiel, am abgeschnittenen
  Ende ebenfalls abgerundet (Arme)
★ 1 Eisstiel, 2 Stücken Strohhalm
  oder Holzstab (Skate-Board)
★ Faden
★ Farbe

4. Allgemeine Ausstattung:
★ Stücke geriffelter Verpackungspappe
  (Rasen im Vordergarten)
★ 4 Eisstiele und 2 Stückchen Holz
  (Gartenbank)
★ 1 quadratische Schachtel und
  4 Eisstiele (Sandkasten)
★ 1 blaue runde Metalldose (Swimming Pool)
★ Korken und Schaumstoff (Bäume)
★ Teppichreste (Teppich)
★ Stoffreste (Gardinen)
★ 8 Schaschlikspieße (Gardinenstangen)
★ 16 Stückchen Kork – 2 Korken
  der Länge nach halbieren und dann
  in vier Teile schneiden (Gardinen-
  stangenhalterungen)
★ 1 Eierkarton, der Länge nach
  halbiert (Treppe)
★ 5 Stückchen Pappe (Treppenstufen)

5. Inneneinrichtung:
a. Wohnzimmer:
★ 1 kleiner Joghurtbecher und
  1 größerer Plastikdeckel (Tisch)
★ 2 Kronkorken, 1 Stückchen Schaumstoff und Papierreste (Hamburger)
★ kleine Plastikbehälter, Holzstückchen
  und Eisstiele (Stühle)
★ 1 rechteckige Schachtel (Schrank)

b. Küche:
★ Stuhl (siehe Wohnzimmer)
★ 1 Filmdose, mit Geschenkpapierrest
  beklebt und 1 Stück bemalter Pappe
  (Tisch)
★ 1 rechteckige Schachtel, 4 Knöpfe,
  1 kleiner runder Plastikbehälter
  (Herd und Spülbecken)
★ 1 Verschluß einer Klebeflasche
  (Wasserhahn)

c. Schlafzimmer:

★ 2 Stück Pappe, in die Längsöffnungen hineingeschnitten wurden (Treppengeländer)

★ 1 Zahnbürstenverpackung (Standuhr)

★ 6 Streichholzschachteln, 6 Knöpfe und farbiges Papier (Kommode)

★ 1 Flaschendrehverschluß, in den Holzperlen geklebt wurden (Obstschale auf der Kommode)

★ 1 Seifenschachtel aus Pappe, ein Stück Netz und 1 Stück Stoff (Babywiege)

★ 1 Schachtel (Nachttisch)

★ 1 Schachtel, 1 Korken längs halbiert und 1 Stück Stoff (Elternbett)

★ von den Kindern bemaltes Papier, durchsichtiges Plastik, Stöckchen (Bilder mit Rahmen)

★ Papierrest und kleine Glühbirnen, die aus einer Glühbirnenverpackung ausgeschnitten wurden (Leuchter)

d. Badezimmer:

★ 1 Stück Schaumstoff (Badezimmermatte)

★ 1 Ausschnitt aus einem Eierkarton, 1 kleines Stück Papprolle, ein kleines Stück Papier – wenn möglich, farblich passend (Toilette)

★ 1 Verschlußklemme (Wasserspülbehälter)

★ 1 rechteckige Schachtel und 1 Plastikbehälter, der in die Schachtel paßt (Waschtisch mit Waschbecken)

★ 1 Stückchen Folie oder glänzendes Papier (Spiegel)

Sonstiges:

★ Kleber

★ Schere

★ (Zick-Zack-)Schere

★ scharfes Messer

★ Farbe

95

Bastelschritte:

1. Das Haus:

Die Pappkiste für das Haus kann man mit einem scharfen Messer besser schneiden als mit einer Schere. Diese Arbeit sollte daher ein Erwachsener übernehmen.

Zwei der normalen Verschlußklappen der Kiste dienen auch zum Öffnen und Schließen des Hauses. Eine weitere Verschlußklappe wird als Vordergarten aufgeklappt. Die obere Klappe kann verkürzt und als Dachrand hochgeklappt werden.

Den Schornstein auf das Dach kleben. Mit einem scharfen Messer die Fensteröffnungen in der Größe der durchsichtigen Deckel einschneiden, die Deckel als Fenster einsetzen und festkleben. Die ausgeschnittenen Pappteile der Fenster können halbiert und außen an beiden Seiten der Fenster als Fensterläden angebracht werden.

Für den Verschluß des Hauses einen großen Knopf an einer Vorderklappe anbringen und eine Schnur auf gleicher Höhe an der anderen Klappe. Zum Schließen wird die Schnur um den Knopf gelegt.

2. Die Innenaufteilung:

Zunächst eine Öffung für die Treppe in das Stück Pappe der Zwischendecke schneiden. Dann die Zwischendecke einkleben.

Nachdem der Teppich eingeklebt wurde, kann die Höhe der Säulen im Erdgeschoß ausgemessen werden. Die Säulen in der richtigen Länge aus Haushaltspapierrollen schneiden und mit Geschenkpapierresten bekleben.

Die Säulen als Deckenstütze in das Erdgeschoß stellen und gegebenenfalls festkleben.

Die Treppenstufen (Pappstückchen) auf die Treppe kleben und die Treppe an die Rückwand des Hauses und oben an die Treppenöffnung im 1. Stock kleben.

96

3. Puppen:

Die beschriebenen Teile für die Puppen zusammenfügen wie auf den Fotos ersichtlich.

4. Allgemeine Ausstattung:

Für den Sandkasten einfach die Eisstiele auf die Ränder der Schachtel kleben und mit Sand füllen. Wasser in den Swimming Pool gießen. Eine Gartenbank und Bäume aus den angegebenen Teilen basteln.

Gardinen: Die Schaschlikspieße kürzen, so daß sie ca. 3 cm länger sind als die Fensteröffnungen. Beide Enden der Schaschlikspieße in die kleingeschnittenen Korkstückchen stecken. Die Gardinen aus Stoffresten mit einer (Zick-Zack-)Schere zuschneiden. Zum

Aufhängen die Gardinen einmal um die Gardinenstangen legen, festkleben und etwas raffen. Zum Schluß die Korken über den Fenstern festkleben.

5. Inneneinrichtung:

a. Wohnzimmer:

Die Teile für den Schrank, Tisch, die Stühle und den Hamburger zusammenfügen wie auf den Fotos ersichtlich.

b. Küche:

Die Teile für den Küchentisch und den Stuhl zusammenfügen. Vier Knöpfe als Kochplatten auf die Schachtel für den Herd kleben. Neben den Herd ein Loch in die Schachtel für das Spülbecken (kleiner Plastikbehälter) schneiden. Den Wasserhahn über dem Spülbecken an die Wand kleben.

Das Elternbett auf vier Korkenstück-chen als Bettpfeiler kleben. Zwei halbe Korken sind die Kopfkissen, ein Stück Stoff die Bettdecke.

Die Kinder können die Bilder für die Wände malen.

Die Deckenleuchte aus den angegebenen Teilen basteln und an die Decke kleben.

c. Schlafzimmer:

Das Treppengeländer anmalen und fest-kleben.

Zum Basteln der Standuhr lediglich die Zahnbürstenverpackung bekleben oder bemalen und das Ziffernblatt in die vor-handene Öffnung malen.

Die Teile für die Kommode zusammen-kleben (siehe Foto) und mit der Obst-schale dekorieren.

Die Babywiege zusammenbauen (siehe Abbildung).

d. Badezimmer:

Die Badezimmermatte auf die ge-wünschte Größe schneiden. Die Toilette aus den beschriebenen Teilen basteln. Den Wasserspülbehälter an die Wand kleben.

Für das Waschbecken eine Seite einer rechteckigen Schachtel aufschneiden, so daß zwei kleine Seitenklappen stehenbleiben, die als Ablage für den Waschtisch nach außen geklappt wer-den. Das Mittelteil kann nach oben an

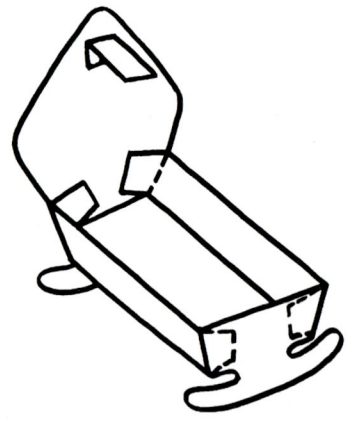

die Wand geklappt werden, um den Spiegel aufzukleben.
Einen kleinen Plastikbehälter als Waschbecken passend für die Schachtel schneiden.

Das Basteln des Puppenhauses wird sicherlich einige Stunden in Anspruch nehmen. Es macht aber sehr viel Spaß und erlaubt noch mehr schöne Spielstunden, wenn es fertig ist!

AMERIKANISCHE FARM

Verwendetes Material:

1. Die Farm:
★ 1 große Kiste (Farm)
★ große Pappstücke (Bodenplatte, Seiten vom Heuboden und Dach)
★ durchsichtige starke Folie (Fenster)
★ kleine Stöckchen (Fensterkreuze)
★ Stückchen Kork (Griff der Seitentür)
★ einige Eisstiele (Riegel des Scheunentors und des Heubodentors)

2. Das Transportband für das Heu:
★ 2 ca. 5 cm breite Stückchen eine Toilettenpapierrolle (Enden des Transportbandes)
★ 3 lange Stücke Pappe (Transportband und Seitenteile)

3. Das Silo:
★ 2 gleiche, sehr große Dosen, z. B. von Kinderfertigbrei (Silo)
★ 1 Toiletten- und 1 Haushaltpapierrolle (Umrandung der imaginären Leiter an der Seite des Silos)
★ alte Zeitung und Paketklebeband (Silodach)
★ weißes Papier (Dekoration)

4. Der Traktor:
★ 1 rechteckige Schachtel (Chassis)
★ 1 würfelförmige Schachtel (Fahrerhaus)
★ 2 große leere Klebebandrollen (Hinterräder)
★ 2 runde Papp- oder Plastikstücke, deren Durchmesser genauso groß oder größer ist als der Durchmesser der Hinterräder, z. B. Bierdeckel oder alte Plastikdeckel (zum Abdecken der Hinterräder)
★ 2 Stücke einer kleineren Papprolle (Vorderräder)
★ 2 runde Papp- oder Plastikstücke (zum Abdecken der Vorderräder)
★ 2 Strohhalme (Achsen)
★ 1 kleines Stück einer Faxpapierrolle (Schornstein)
★ 1 Zahnstocher und 1 Knopf (Lenkrad)
★ Pappstückchen (Fahrersitz)
★ Draht (Anhängerkupplung)

5. Der Anhänger des Traktors
★ 1 offene rechteckige Schachtel (Anhänger)
★ 4 starke Kreise aus Pappe, Plastikdeckel o. ä. (Räder)
★ 2 Strohhalme (Achsen)
★ 4 Zahnstocher (Achsenstifte)

Sonstiges:

★ Nadel
★ Kleber
★ Schere
★ scharfes Messer
★ Farbe
★ Pappstückchen
★ Klebeband

Bastelschritte:

Es wird empfohlen, daß ein Erwachsener die Pappe mit einem scharfen Messer schneidet, da es besser und sauberer als mit einer Schere geht.

1. Die Farm:

Die Kiste umgedreht auf die Bodenplatte stellen, nachdem die Deckelklappen abgeschnitten wurden. Die zwei Seitengiebel des Heubodens aus Pappe in der typischen Form der amerikanischen Scheunen ausschneiden, bei denen die Seitengiebel kein Dreieck sind, sondern ein Fünfeck mit zusätzlichen leichten Winkeln an den beiden Seitenschrägen. Die Giebel an den Schmalseiten der Kiste festkleben. Die Türen ausschneiden: Zwei Schwingtore

an einer Schmalseite und eine normale Tür an einer der Längsseiten. Weitere Türen hinzufügen, falls gewünscht. Die Fenster ausschneiden und von innen mit transparenter Folie bekleben. Außen die Fensterkreuze auf die Folien kleben. Es ist wesentlich einfacher, die Fenster und Türen auszuschneiden, bevor das Dach aufgeklebt ist.

Ein Stück Pappe in der Größe des Daches ausschneiden und aufkleben.

Jetzt kann die Farm angestrichen werden. Die Riegel der beiden Schwingtore werden aus jeweils zwei kleinen Stapeln aus Eisstielen gebastelt, die in verschiedenen Längen aufeinandergeklebt werden (siehe Foto). Ein längeres Stück wird auf zwei gleichgroße kürzere

Stücke geklebt. Auf jeden Torflügel wird ein solches Riegelteil geklebt, und ein ganzer Eisstiel wird als Riegel zum Schließen übergeschoben.

2. Das Transportband für das Heu:

Zwei längliche Stücke aus Pappe ausschneiden, ca. 5 cm breit und lang genug, um das Heu von unten in den Heuschober hinauf zu transportieren. An beiden Enden etwas länger lassen, um das Pappstück um die Rollen aus Toilettenpapier zu kleben. Zwei lange Pappstreifen als Seitenteile des Transportbands ausschneiden und festkleben.

3. Das Silo

Die zwei Dosen aufeinanderstellen, wobei eine Öffnung mit Deckel nach oben zeigt. Mit Klebeband zusammenkleben und mit weißem Papier umwickeln. Zeitungen zusammmenknüllen und auf dem Deckel mit Paketklebeband rundum festkleben. Die Rollen der Länge nach halbieren und an einer Seite des Silos befestigen, um die imaginäre Leiter darinnen zu schützen.

Abb. 1

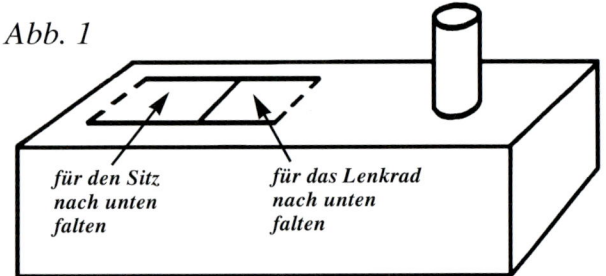

für den Sitz nach unten falten

für das Lenkrad nach unten falten

ginäre Leiter darinnen zu schützen.

4. Der Traktor:

Chassis: eine Öffnung in den Boden der Schachtel schneiden, wobei die Klappen nicht herausgeschnitten werden (siehe Abbildung 1). Von unten mit Hilfe der Klappe und eines zusätzlichen Stückchen Pappe den Fahrersitz formen und gegebenenfalls festkleben.

An dieser Stelle sollte der Traktor bereits bemalt oder beklebt werden, da es schwieriger ist, sobald die Räder befestigt sind. Das Lenkrad aus Zahnstocher und Knopf an der vorgesehenen Klappe festkleben. Den Schornstein aus dem Stück Papprolle auf den Motorblock kleben.

Fahrerhaus: Alle vier Seiten der würfelförmigen Schachtel ausschneiden, jedoch die Ecken und Ränder stehenlassen. Dies sind die Fenster des Fahrerhauses. Ein quadratisches Stück Pappe ausschneiden, und auf das offene Ende der Fahrerhausschachtel kleben. Dies ist nicht notwendig, wenn man eine Schachtel mit Deckel verwendet. In dieses Stück Pappe bzw. in den Deckel eine Öffnung für den Fahrersitz schneiden. Anschließend das Fahrerhaus auf den Traktor kleben.

Achsen und Räder: die großen Pappdeckel auf die großen Pappringe für die Hinterräder kleben (siehe Abbildung 2). Ebenso die Teile für die Vorderräder zusammenfügen. Die Räder nach der „Rad + Achse"-Methode (siehe Seite 13) am Chassis befestigen. Die Anhänger-

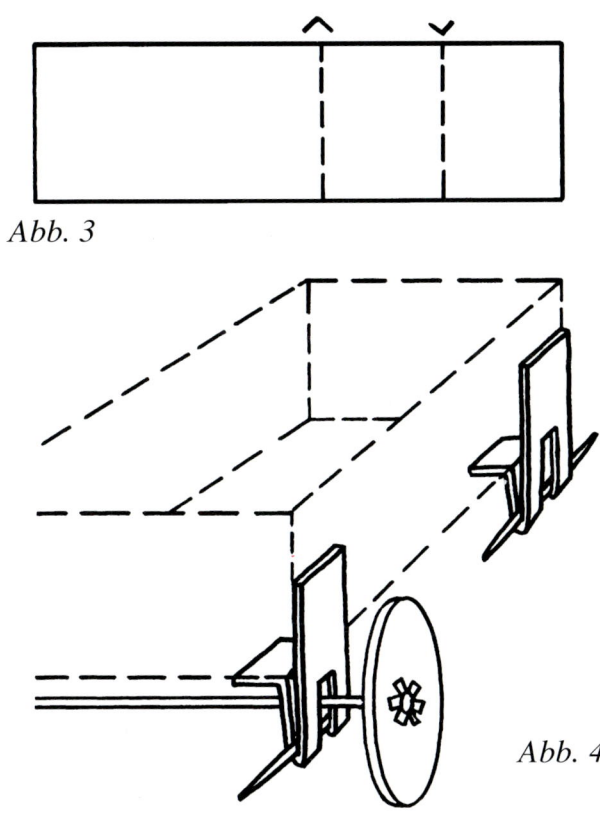

Abb. 3

Abb. 4

kupplung aus Draht oder irgendeiner anderen Art von Schlinge formen und hinten am Traktor befestigen.

5. Der Anhänger des Traktors:

Ein Seitenteil kann so geschnitten werden, daß es sich öffnen und schließen läßt. Vor dem Zusammenbauen den Anhänger anmalen oder bekleben.

Achsen und Räder: Vier Pappstreifen, ca. 3,5 x 15 cm, zur Unterstützung der Achsen falten (siehe Abbildungen 3 und 4). Diese Unterstützungsteile an

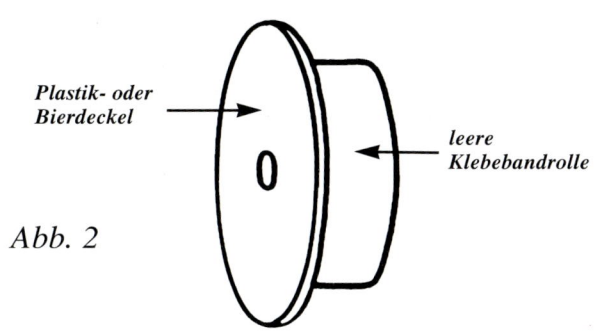

Plastik- oder Bierdeckel

leere Klebebandrolle

Abb. 2

den Boden und die Seiten des Anhängers kleben. Die Räder und Achsen nach der „Rad + Achse"-Methode mit Strohhalmen (siehe Seite 13) basteln. In diesem Fall jedoch nicht den Strohhalm durch den Anhänger selbst führen, sondern durch die Unterstützungsteile, in welche entsprechende Öffnungen für die Achsen geschnitten werden. Nachdem die Achsen durch diese Öffnungen geführt wurden, werden sie mit Hilfe der vier Zahnstocher an ihrem Platz gehalten (siehe Abbildung 4). Durch ein einfaches Entfernen der Zahnstocher können die Räder nach Belieben „abmontiert" werden.

Anhängerbefestigung: eine Holzperle auf das Ende eines halben Zahnstochers kleben. Ein haltbares Stück Plastik oder Pappe unter den Boden des Frontteils kleben und nach vorne herausschauen lassen. Das andere Ende des Zahnstochers in dieses Teil stechen und festkleben. Jetzt kann die Schlinge der Anhängerkupplung des Traktors über den Zahnstocher mit der Holzperle gelegt werden.

Für die „City" haben wir tief in unsere Materialkiste gegriffen und eine Vielzahl von Schachteln, Dosen und Kleinteilen auf einem großen Stück Karton aufgebaut und dekoriert. Das Foto gibt einen Hinweis darauf, was man wie am besten verwenden kann. Der persönlichen Phantasie sind keine Grenzen gesetzt!

Die Kinder lieben es, mit ihren Spielzeugautos und -eisenbahnen durch diese Stadtlandschaft zu fahren. Kann es mehr Spaß machen, die Grundregeln der Verkehrssicherheit zu erlernen als mit selbstgebastelten Verkehrswegen?

Wenn die Kinder die Verkehrsschilder selbst basteln, verstehen sie auch deren Bedeutung besser. Ein Verkehrsschild ist einfach herzustellen aus einem Flaschendeckel, einem Stückchen Holz und Papier, das wie echte Verkehrsschilder ausgeschnitten und angemalt wird. Kinder und Erwachsene können testen, ob sie wirklich alle Schilder kennen!

PARKHAUS MIT TANKSTELLE

Verwendetes Material:

1. Das Parkhaus:
★ 1 große Kiste (Parkhaus)
★ 1 lange Papprolle (Tunnelrampe)
★ viele Pappreste (Anbau für das
   1. Stockwerk, Rampe, Brüstung)
★ 5 Papprollen (Stützpfeiler)
★ 1 Kleenex-Schachtel (Aufzugschacht)
★ 1 kleinere Schachtel, die sich in
   der senkrecht stehenden Kleenex-
   Schachtel leicht auf und ab bewegen
   läßt (Aufzugkabine)
★ 2 Toilettenpapierrollen (Stützen für
   die Aufzugwinde)
★ 1 Schaschlikspieß oder Strohhalm
   (Aufzugwinde)
★ 2 Flaschendrehverschlüsse, Kronkorken oder runde Pappstücke
   (Aufzugwinde)
★ 1 Faden, ca. 20 cm lang (Aufzugseil)
★ 1 Knopf (Halter für das Aufzugseil)
★ 1 Plastikbehälter, 1 Schaschlikspieß
   oder Strohhalm, 1 runder Deckel
   aus Pappe oder Papier, Papierrest
   (STOP-Schild)
2. Die Tankstelle:
★ 1 Schuhkarton (Tankstelle)
★ 2 kleine Schachteln (Zapfsäulen)

★ 2 rohe Nudeln (Zapfhähne)
★ 1 Holzperle (Türknopf)
★ 1 große Pappe (Bodenplatte)

Sonstiges:
★ Schere oder Messer
★ Farbe
★ Kleber
★ Klebeband
★ farbiges Papier

Bastelschritte:

Wie auch beim Puppenhaus gibt es
unendlich viele verschiedene Möglichkeiten, ein Parkhaus zu basteln. Diese
Beschreibung soll daher nur Anregun-
gen zur eigenen Ausgestaltung geben.

Das Parkhaus:
1. Zunächst den großen Karton für das
Parkhaus umgedreht hinstellen, wobei
die Öffnungsklappen nach außen gedreht
sind (falls die Kiste Klappen hat). Die
Seitenteile des Kartons so schneiden,
wie in den Zeichnungen angegeben. Es
ist für die Stabilität des Parkhauses
wichtig, daß die vier Seitenkanten stehenbleiben.

2. Die Seiten 1 und 2 nach den dicken Linien der Abbildung 1 schneiden.

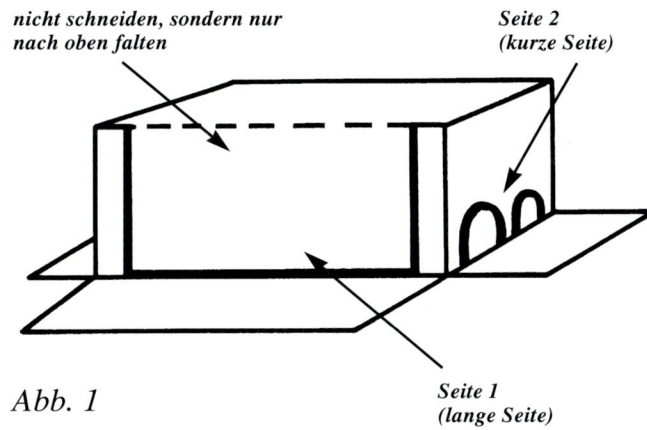

nicht schneiden, sondern nur nach oben falten

Seite 2 (kurze Seite)

Seite 1 (lange Seite)

Abb. 1

3. Nach der „Schlitz + Klapp"-Methode (siehe Seite 12) zwei Papprollen als Stützen unter die aus dem Seitenteil 1 ausgeschnittene Klappe kleben (siehe Abbildung 2).

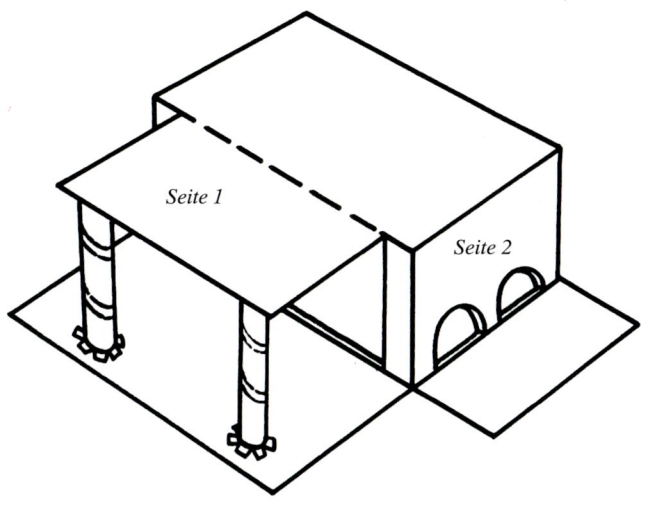

Seite 1

Seite 2

Abb. 2

4. Die lange Tunnelrampe und eine flache Rampe am Seitenteil 2 befestigen (siehe Abbildung 3). Die Seitenkanten der flachen Rampe nach oben knicken, damit die Autos bei der Abfahrt nicht seitlich herunterrollen können. Die Rampen am oberen Stockwerk mit einem Stück Pappe oder Klebeband befestigen. Falls notwendig, die Rampen von unten mit weiteren Papprollen unterstützen.

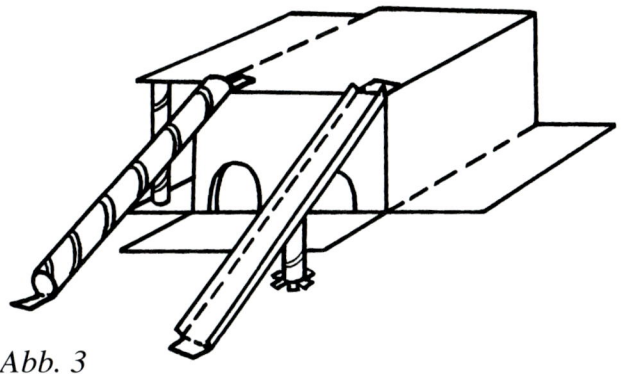

Abb. 3

5. Das Seitenteil 3 der Kiste gemäß den dicken Linien der Zeichnung 4 schneiden.

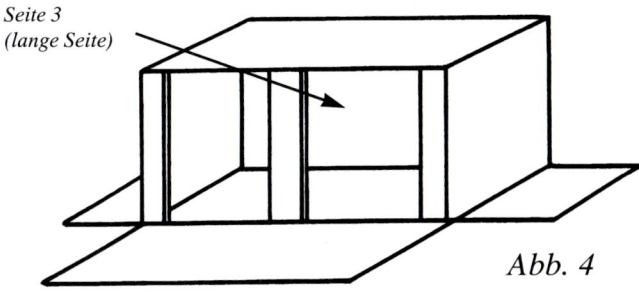

Seite 3 (lange Seite)

Abb. 4

6. In das Seitenteil 4 der Kiste lediglich eine kleine Öffnung gemäß Abbildung 5 schneiden. Diese Öffnung wird die Tür zum Aufzug von der Innenseite des Parkhauses.

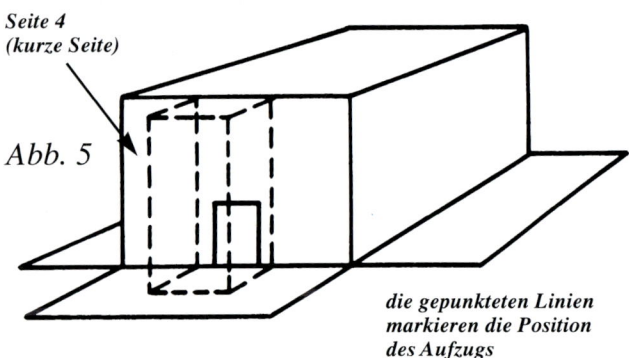

Seite 4
(kurze Seite)

Abb. 5

die gepunkteten Linien
markieren die Position
des Aufzugs

7. Aufzugschacht:
Zwei Öffnungen zur Einfahrt der Autos von der Außen- bzw. Innenseite des Parkhauses in die Kleenex-Schachtel schneiden. Die obere Schmalseite der

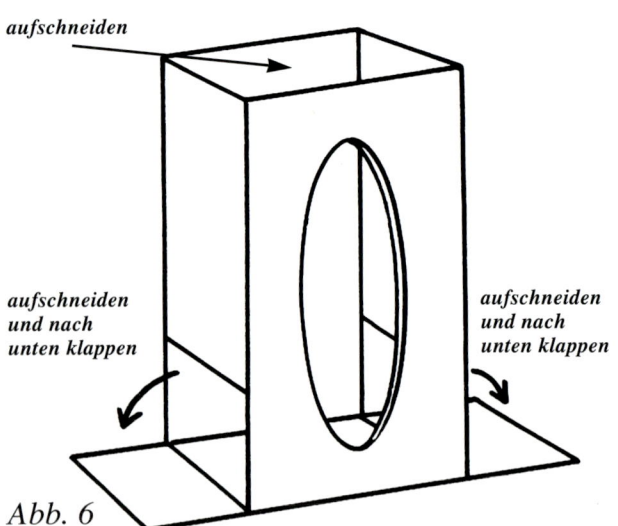

aufschneiden

aufschneiden
und nach
unten klappen

aufschneiden
und nach
unten klappen

Abb. 6

senkrecht stehenden Kleenex Schachtel abschneiden (siehe Abbildung 6). Die Schachtel mit einer Öffnung gegen die Öffnung in dem Seitenteil 4 des Parkhauses stellen und mit den Klappen festkleben.

8. Anbau an das 1. Stockwerk (siehe Abbildung 7):
Für den Anbau einen Halbkreis mit dem Durchmesser in der Länge des Seitenteils 4 ausschneiden. Beim Ausschneiden einen zusätzlichen Rand berechnen,

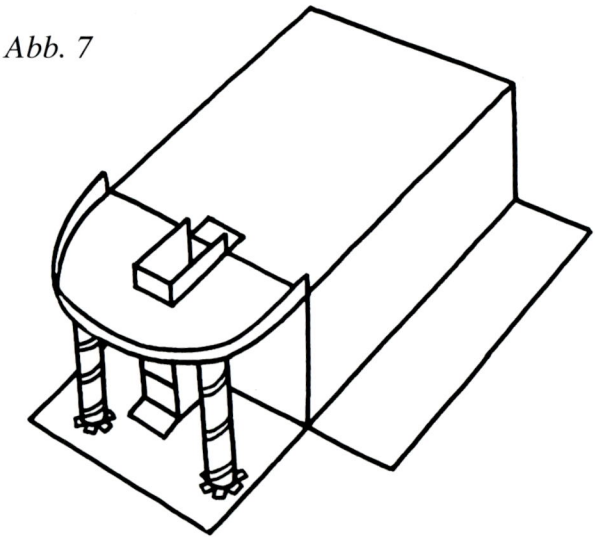

Abb. 7

um damit den Anbau an das Parkhaus zu kleben. Da dieser Anbau um den Aufzugschacht herumläuft, muß eine Öffnung für den Aufzugschacht in den

Halbkreis geschnitten werden. Nach der „Schlitz + Klapp"-Methode (siehe Seite 10) den Anbau mit zwei Pfeilern von unten abstützen.

9. Aufzug und Aufzugwinde:
Die Aufzugwinde (Schaschlikspieß oder Strohhalm) in Schlitze in den zwei Toilettenpapierrollen als Stütze stecken. An den beiden Seiten der Aufzugwinde die Flaschendeckel oder Kronkorken zur Sicherung und als Drehrädchen für die Winde anbringen.

Zwei Seitenteile der Schachtel für den Aufzug ausschneiden, damit die Autos ein- und ausfahren können. Kleine Schwellen an den Aufzugöffnungen anbringen, damit die Autos während des Auf- und Abfahrens nicht herausfallen. Einen Knopf an einem Fadenende anbringen, den Faden von innen durch die Decke des Aufzugs führen, und das

andere Fadenende an der Winde befestigen.

Je nach Höhe des Parkhauses muß die
Höhe des Aufzugschachtes eventuell
angepaßt werden.

10. An den Rändern des Obergeschos-
ses aus längs gefalteten Papierstreifen
eine Brüstung anbringen.

11. In der Mitte des Erdgeschosses einen
zusätzlichen Stützpfeiler einkleben.

12. Das Parkhaus bekleben oder bemalen.

13. Nach Belieben kann ein STOP-
Schild aus den oben genannten Teilen
gebastelt werden.

Tankstelle:

1. Den Schuhkarton mit einer Längs-
seite auf die Bodenplatte kleben, wobei
die offenen Seite nach hinten zeigt.

2. Den Deckel des Schuhkartons auf
den Karton kleben und dabei nach
vorne überhängen lassen (siehe Abbildung 8).

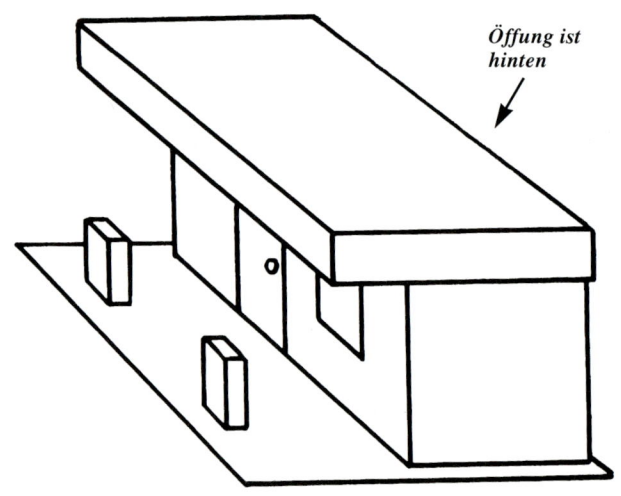

*Öffung ist
hinten*

Abb. 8

3. Tür und Fenster in die Tankstelle
schneiden. Die Zapfsäulen bekleben oder
bemalen und aufstellen. Die Details mit
farbigem Papier hinzufügen.

NOCH MEHR
IDEEN
◆

Eishörnchen

Maske

Tulpen im Topf

Kartenhalter

EISHÖRNCHEN

Die folgenden drei Objekte können alle aus einem Eierkarton gebastelt werden.

Einen erhöhten Teil aus einem Eierkarton mit vier Seitenklappen ausschneiden (siehe Abbildung).

Das aufgeschnittene Teil umdrehen und ein Stück Schaumstoff als Eiskugel hineinstecken.

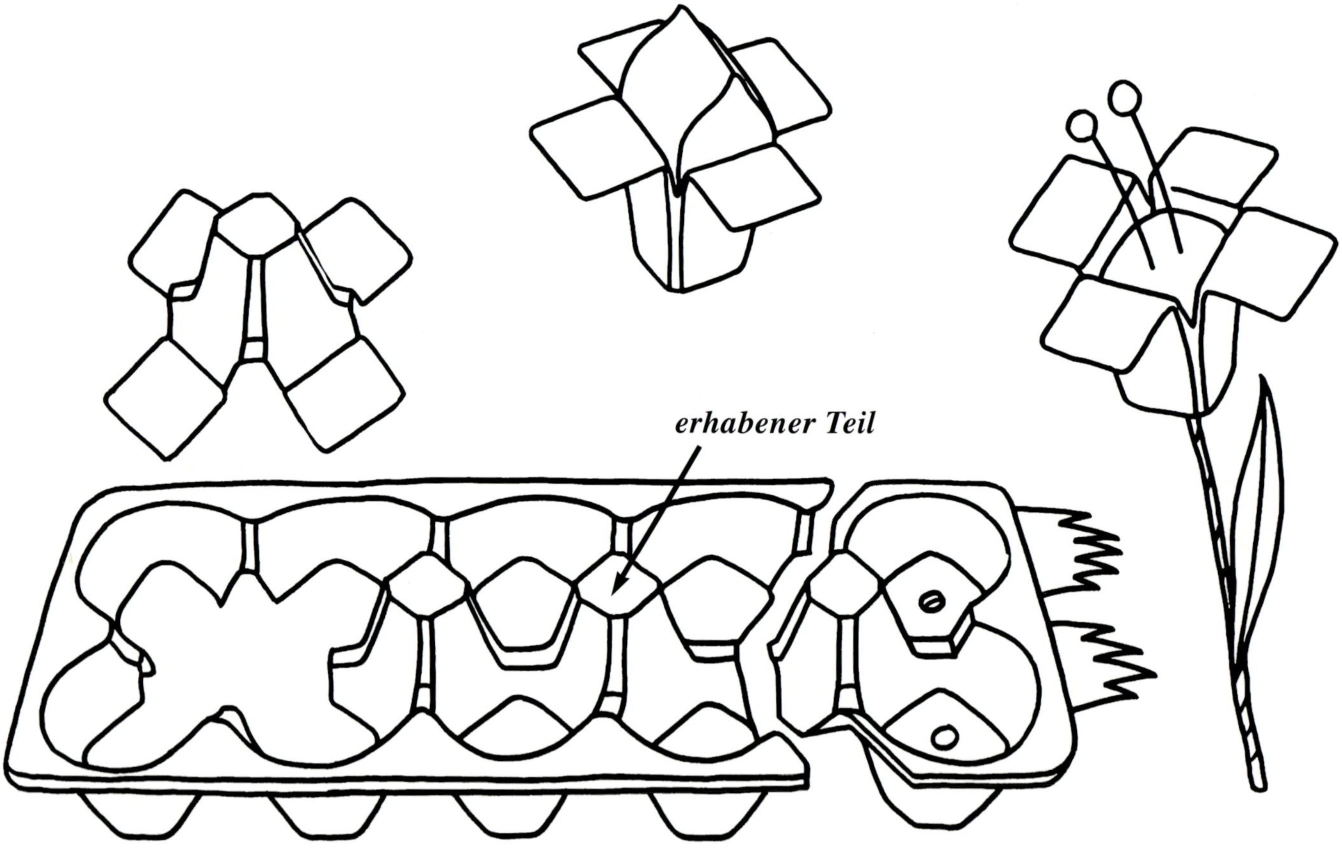

erhabener Teil

MASKE

Zwei Abschnitte aus einem Eierkarton einschließlich des erhöhten Teiles dazwischen ausschneiden (siehe Zeichnung Seite 114 und Foto). In die Vertiefungen Löcher für die Augen schneiden und die Maske mit Augenbrauen verzieren.

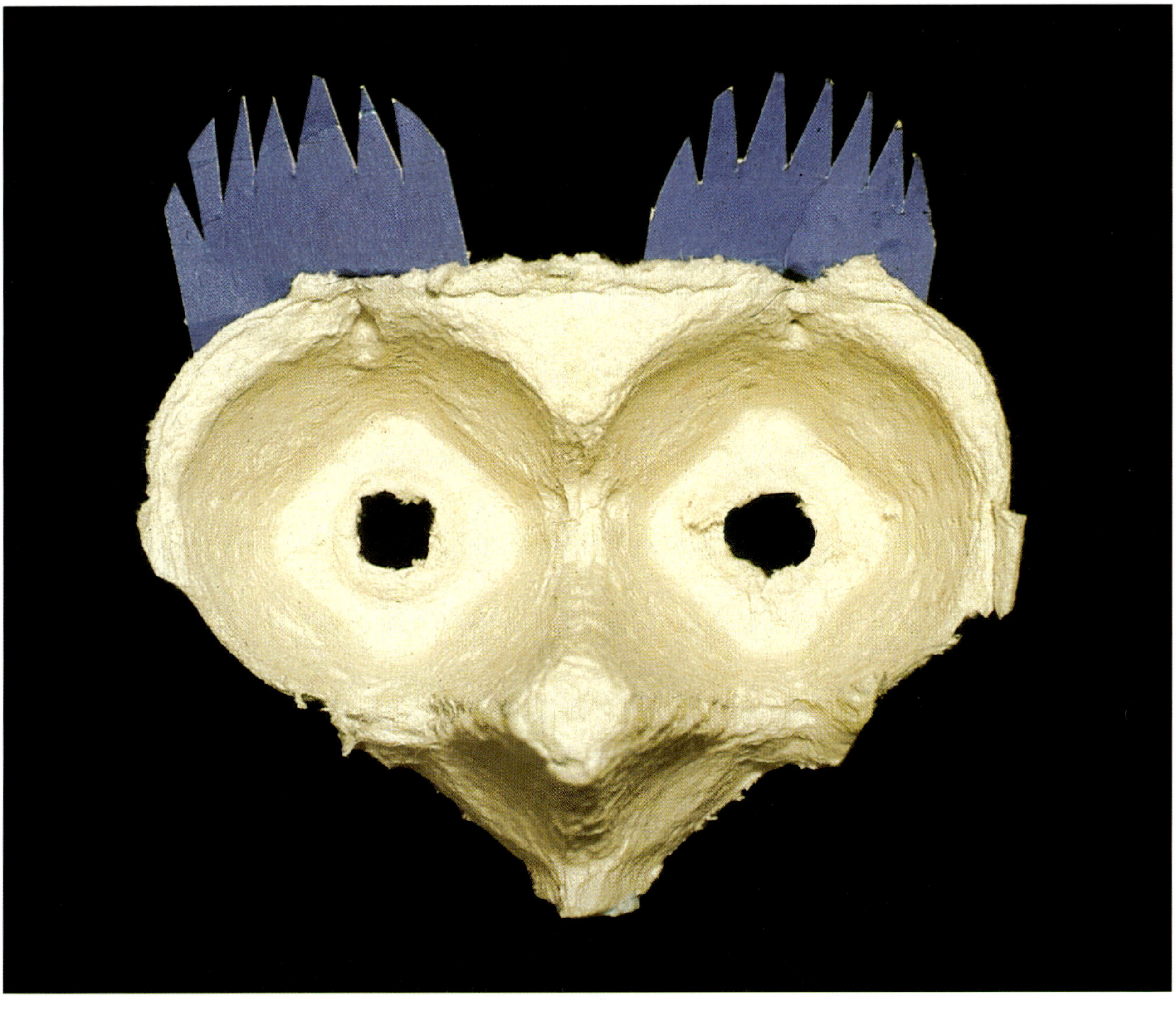

115

TULPEN IM TOPF

Dies ist ein sehr persönliches Geschenk.

Verwendetes Material:

★ Die erhabenen Teile eines Eierkartons (Blumen und Blüten)
★ Schaschlikspieße (Blumenstengel)
★ 1 alter Plastikblumentopf oder 1 anderer Plastikbehälter (Topf)
★ Schaumstoff (Blumen-erde)

Sonstiges:

★ Schere
★ Kleber

Bastelschritte:

Für jede Tulpe ein erhabenes Stück aus dem Eierkarton mit vier Seiten aus-schneiden (genauso wie beim Eishörn-chen, siehe Zeichnung). Jede Tulpe auf einen Schaschlikspieß stecken und fest-kleben. Aus Papier Blumenblätter aus-schneiden und an die Stengel kleben. Schaumstoff in den Plastikbehälter ge-ben und die Stengel in den Schaumstoff drücken. Nach Belieben anmalen.

116

KERZE

Verwendetes Material:

★ 1 lange, dünne Papprolle, z.B. Faxpapierrolle (Kerze)
★ 1 Haushaltpapierrolle (Kerzenhalter)
★ 1 Stöckchen (Docht)

Sonstiges:

★ Schere
★ Kleber

Bastelschritte:

1. Die Haushaltpapierrolle für den Kerzenhalter in ungefähr elf gleiche Scheiben schneiden. Zehn Scheiben davon
leicht zusammengedrückt um das untere Ende der Rolle für die Kerze kleben.

2. Die letzte Scheibe als Kerzendocht
oben auf die Kerze kleben und ein
Stöckchen als Docht hineingeben.

3. Nach Belieben anmalen oder bekleben oder einfach so lassen.

NICHT ANZÜNDEN!

117

Dies ist ein einfaches und praktisches Geschenk für leidenschaftliche Karten-spieler.

Verwendetes Material:
★ 2 Plastikdeckel

Sonstiges:
★ Nadel
★ Faden

Bastelschritte:

1. Die zwei Plastikdeckel mit den fla-chen Seiten aufeinanderlegen und nach der „Draht + Kerze"-Methode (siehe Seite 12) am Rand der Deckel entlang Löcher bohren. Diese Löcher haben kurze Abstände und sind auch nur auf einem Halbkreis der Deckel anzubringen.

2. Die beiden Deckel mit Nadel und Faden zusammennähen.

3. Die Spielkarten können in die Hälfte der Deckel gesteckt werden, die nicht zusammengenäht ist.

INDEX